PRÉFACE

La collection de guides de conversation "Tout ira bien!", publié par T&P Books, est conçue pour les gens qui voyagent par affaire ou par plaisir. Les guides de conversations contiennent le plus important - l'essentiel pour la communication de base. Il s'agit d'une série indispensable de phrases pour survivre à l'étranger.

Ce guide de conversation vous aidera dans la plupart des cas où vous devez demander quelque chose, trouver une direction, découvrir le prix d'un souvenir, etc. Il peut aussi résoudre des situations de communication difficile lorsque la gesticulation n'aide pas.

Le livre contient beaucoup de phrases qui ont été groupées par thèmes. Vous trouverez aussi un vocabulaire des 3000 mots les plus couramment utilisés. Une autre section du guide contient un glossaire gastronomique qui peut être utile lorsque vous faites le marché ou commandez des plats au restaurant.

Emmenez avec vous un guide de conversation "Tout ira bien!" sur la route et vous aurez un compagnon de voyage irremplaçable qui vous aidera à vous sortir de toutes les situations et vous enseignera à ne pas avoir peur de parler aux étrangers.

TABLE DES MATIÈRES

Prononciation	5
Liste des abréviations	7
Guide de conversation Français-Letton	9
Vocabulaire thématique	73
Glossaire gastronomique	195

T&P Books Publishing

T&P Books Publishing

GUIDE DE CONVERSATION

— LETTON —

Par Andrey Taranov

LES PHRASES LES PLUS UTILES

Ce guide de conversation contient les phrases et les questions les plus communes et nécessaires pour communiquer avec des étrangers

T&P BOOKS

Guide de conversation + dictionnaire de 3000 mots

Guide de conversation Français-Letton et vocabulaire thématique de 3000 mots

Par Andrey Taranov

La collection de guides de conversation "Tout ira bien!", publiée par T&P Books, est conçue pour les gens qui voyagent par affaire ou par plaisir. Les guides contiennent l'essentiel pour la communication de base. Il s'agit d'une série indispensable de phrases pour "survivre" à l'étranger.

Ce livre inclut un dictionnaire thématique qui contient près de 3000 des mots les plus fréquemment utilisés. Une autre section du guide contient un glossaire gastronomique qui peut être utile lorsque vous faites le marché ou commandez des plats au restaurant.

T&P Books Publishing
www.tpbooks.com

ISBN: 978-1-78716-285-3

Ce livre existe également en format électronique.
Pour plus d'informations, veuillez consulter notre site: www.tpbooks.com
ou rendez-vous sur ceux des grandes librairies en ligne.

PRONONCIATION

Voyelles

Lettre	Exemple en letton	Alphabet phonétique T&P	Exemple en français
A a	adata	[ɑ]	aller
Ā ā	ābols	[ɑ:]	cadre
E e	egle	[e], [æ]	numéro
Ē ē	ērglis	[e:], [æ:]	aller
I i	izcelsme	[i]	stylo
Ī ī	īpašums	[i:]	industrie
O o	okeāns	[o], [o:]	mauvais
U u	ubags	[u]	boulevard
Ū ū	ūdens	[u:]	tour

Consonnes

Lettre	Exemple en letton	Alphabet phonétique T&P	Exemple en français
B b	bads	[b]	bureau
C c	cālis	[ts]	gratte-ciel
Č č	čaumala	[tʃ]	match
D d	dambis	[d]	document
F f	flauta	[f]	formule
G g	gads	[g]	gris
Ģ ģ	ģitāra	[dʲ]	mondial
H h	haizivs	[h]	[h] aspiré
J j	janvāris	[j]	maillot
K k	kabata	[k]	bocal
Ķ ķ	ķilava	[tʲ/tʃʲ]	hongrois - tyúk, allemand - Matjes
L l	labība	[l]	vélo
Ļ ļ	ļaudis	[ʎ]	souliers
M m	magone	[m]	minéral
N n	nauda	[n]	ananas
Ņ ņ	ņaudēt	[ɲ]	canyon
P p	pakavs	[p]	panama
R r	ragana	[r]	racine, rouge

Lettre	Exemple en letton	Alphabet phonétique T&P	Exemple en français
S s	sadarbība	[s]	syndicat
Š š	šausmas	[ʃ]	chariot
T t	tabula	[t]	tennis
V v	vabole	[v]	rivière
Z z	zaglis	[z]	gazeuse
Ž ž	žagata	[ʒ]	jeunesse

Remarques

˙ **Qq, Ww, Xx, Yy**: caractères employés uniquement dans les mots d'origine étrangère

˙˙ Dans la majorité des cas, l'accent est porté sur la première syllabe du mot.

LISTE DES ABRÉVIATIONS

Abréviations en français

adj	-	adjective
adv	-	adverbe
anim.	-	animé
conj	-	conjonction
dénombr.	-	dénombrable
etc.	-	et cetera
f	-	nom féminin
f pl	-	féminin pluriel
fam.	-	familiar
fem.	-	féminin
form.	-	formal
inanim.	-	inanimé
indénombr.	-	indénombrable
m	-	nom masculin
m pl	-	masculin pluriel
m, f	-	masculin, féminin
masc.	-	masculin
math	-	mathematics
mil.	-	militaire
pl	-	pluriel
prep	-	préposition
pron	-	pronom
qch	-	quelque chose
qn	-	quelqu'un
sing.	-	singulier
v aux	-	verbe auxiliaire
v imp	-	verbe impersonnel
vi	-	verbe intransitif
vi, vt	-	verbe intransitif, transitif
vp	-	verbe pronominal
vt	-	verbe transitif

Abréviations en letton

s	-	nom féminin
s dsk	-	féminin pluriel

s, v	-	masculin, féminin
v	-	nom masculin
v dsk	-	masculin pluriel

T&P BOOKS

GUIDE DE CONVERSATION LETTON

Cette section contient
des phrases importantes
qui peuvent être utiles dans
des situations courantes.
Le guide vous aidera
à demander des directions,
clarifier le prix, acheter
des billets et commander
des plats au restaurant

T&P Books Publishing

CONTENU DU GUIDE DE CONVERSATION

Les essentiels	12
Questions	15
Besoins	16
Comment demander la direction	18
Affiches, Pancartes	20
Transport - Phrases générales	22
Acheter un billet	24
L'autobus	26
Train	28
Sur le train - Dialogue (Pas de billet)	29
Taxi	30
Hôtel	32
Restaurant	35
Shopping. Faire les Magasins	37
En ville	39
L'argent	41

Le temps	43
Salutations - Introductions	45
Les adieux	47
Une langue étrangère	49
Les excuses	50
Les accords	51
Refus, exprimer le doute	52
Exprimer la gratitude	54
Félicitations. Vœux de fête	55
Socialiser	56
Partager des impressions. Émotions	59
Problèmes. Accidents	61
Problèmes de santé	64
À la pharmacie	67
Les essentiels	69

T&P Books Publishing

Excusez-moi, ...	**Atvainojiet, ...** [atvainɔjiɛt, ...]
Bonjour	**Sveicināti.** [svɛitsina:ti.]
Merci	**Paldies.** [paldiɛs.]
Au revoir	**Uz redzēšanos.** [uz redze:ʃanɔs.]
Oui	**Jā.** [ja:.]
Non	**Nē.** [ne:.]
Je ne sais pas.	**Es nezinu.** [es nezinu.]
Où? | Où? | Quand?	**Kur? | Uz kurieni? | Kad?** [kur? | uz kuriɛni? | kad?]

J'ai besoin de ...	**Man vajag ...** [man vajag ...]
Je veux ...	**Es gribu ...** [es gribu ...]
Avez-vous ... ?	**Vai jums ir ...?** [vai jums ir ...?]
Est-ce qu'il y a ... ici?	**Vai šeit ir ...?** [vai ʃɛit ir ...?]
Puis-je ... ?	**Vai drīkstu ...?** [vai dri:kstu ...?]
s'il vous plaît (pour une demande)	**Lūdzu, ...** [lu:dzu, ...]

Je cherche ...	**Es meklēju ...** [es mekle:ju ...]
les toilettes	**tualeti** [tualeti]
un distributeur	**bankomātu** [bankɔma:tu]
une pharmacie	**aptieku** [aptiɛku]
l'hôpital	**slimnīcu** [slimni:tsu]
le commissariat de police	**policijas iecirkni** [pɔlitsi:jas iɛtsirkni]
une station de métro	**metro** [metrɔ]

un taxi	**taksometru** [taksɔmetru]
la gare	**dzelzceļa staciju** [dzelztsɛlʲa statsiju]

Je m'appelle …	**Mani sauc …** [mani sauts …]
Comment vous appelez-vous?	**Kā jūs sauc?** [ka: ju:s sauts?]
Aidez-moi, s'il vous plaît.	**Lūdzu, palīdziet.** [lu:dzu, pali:dziɛt.]
J'ai un problème.	**Man ir problēma.** [man ir prɔblɛ:ma.]
Je ne me sens pas bien.	**Man ir slikti.** [man ir slikti.]
Appelez une ambulance!	**Izsauciet ātro palīdzību!** [izsautsiɛt a:trɔ pali:dzi:bu!]
Puis-je faire un appel?	**Vai drīkstu piezvanīt?** [vai dri:kstu piɛzvani:t?]

Excusez-moi.	**Atvainojos.** [atvainɔjɔs.]
Je vous en prie.	**Lūdzu.** [lu:dzu.]

je, moi	**es** [es]
tu, toi	**tu** [tu]
il	**viņš** [viɲʃ]
elle	**viņa** [viɲa]
ils	**viņi** [viɲi]
elles	**viņas** [viɲas]
nous	**mēs** [me:s]
vous	**jūs** [ju:s]
Vous	**Jūs** [ju:s]

ENTRÉE	**IEEJA** [iɛeja]
SORTIE	**IZEJA** [izeja]
HORS SERVICE | EN PANNE	**NESTRĀDĀ** [nestra:da:]
FERMÉ	**SLĒGTS** [sle:gts]

OUVERT	**ATVĒRTS** [atve:rts]
POUR LES FEMMES	**SIEVIETĒM** [siɛviɛte:m]
POUR LES HOMMES	**VĪRIEŠIEM** [vi:riɛʃiɛm]

Questions

Où? (lieu)	**Kur?** [kur?]
Où? (direction)	**Uz kurieni?** [uz kuriɛni?]
D'où?	**No kurienes?** [nɔ kuriɛnes?]
Pourquoi?	**Kāpēc?** [ka:pe:ts?]
Pour quelle raison?	**Kādēļ?** [ka:de:lʲ?]
Quand?	**Kad?** [kad?]

Combien de temps?	**Cik ilgi?** [tsik ilgi?]
À quelle heure?	**Cikos?** [tsikɔs?]
C'est combien?	**Cik maksā?** [tsik maksa:?]
Avez-vous … ?	**Vai jums ir …?** [vai jums ir …?]
Où est …, s'il vous plaît?	**Kur atrodas …?** [kur atrɔdas …?]

Quelle heure est-il?	**Cik pulkstens?** [tsik pulkstens?]
Puis-je faire un appel?	**Vai drīkstu piezvanīt?** [vai dri:kstu piɛzvani:t?]
Qui est là?	**Kas tur ir?** [kas tur ir?]
Puis-je fumer ici?	**Vai te drīkst smēķēt?** [vai te dri:kst smɛ:tʲe:t?]
Puis-je …?	**Vai drīkstu …?** [vai dri:kstu …?]

Besoins

Je voudrais ...	**Es gribētu ...** [es gribɛ:tu ...]
Je ne veux pas ...	**Es negribu ...** [es negribu ...]
J'ai soif.	**Man slāpst.** [man sla:pst.]
Je veux dormir.	**Es gribu gulēt.** [es gribu gule:t.]

Je veux ...	**Es gribu ...** [es gribu ...]
me laver	**nomazgāties** [nɔmazga:tiɛs]
brosser mes dents	**iztīrīt zobus** [izti:ri:t zɔbus]
me reposer un instant	**nedaudz atpūsties** [nɛdaudz atpu:stiɛs]
changer de vêtements	**pārģērbties** [pa:rdʲe:rbtiɛs]

retourner à l'hôtel	**atgriezties viesnīcā** [atgriɛzties viɛsni:tsa:]
acheter ...	**nopirkt ...** [nɔpirkt ...]
aller à ...	**doties uz ...** [dɔties uz ...]
visiter ...	**apmeklēt ...** [apmekle:t ...]
rencontrer ...	**satikties ar ...** [satikties ar ...]
faire un appel	**piezvanīt** [piɛzvani:t]

Je suis fatigué /fatiguée/	**Es esmu noguris /nogurusi/.** [es esmu nɔguris /nɔgurusi/.]
Nous sommes fatigués /fatiguées/	**Mēs esam noguruši /nogurušas/.** [me:s ɛsam nɔguruʃi /nɔguruʃas/.]
J'ai froid.	**Man ir auksti.** [man ir auksti.]
J'ai chaud.	**Man ir karsti.** [man ir karsti.]
Je suis bien.	**Man viss kārtībā.** [man vis ka:rti:ba:.]

Il me faut faire un appel.

Man jāpiezvana.
[man ja:piɛzvana.]

J'ai besoin d'aller aux toilettes.

Man vajag uz tualeti.
[man vajag uz tualeti.]

Il faut que j'aille.

Man laiks doties.
[man laiks dotiɛs.]

Je dois partir maintenant.

Man jāiet.
[man ja:iɛt.]

Comment demander la direction

Excusez-moi, ...	**Atvainojiet, ...** [atvainɔjiɛt, ...]
Où est ..., s'il vous plaît?	**Kur atrodas ...?** [kur atrɔdas ...?]
Dans quelle direction est ... ?	**Kurā virzienā ir ...?** [kura: virziɛna: ir ...?]
Pouvez-vous m'aider, s'il vous plaît ?	**Lūdzu, palīdziet.** [lu:dzu, pali:dziɛt.]

Je cherche ...	**Es meklēju ...** [es mekle:ju ...]
La sortie, s'il vous plaît?	**Es meklēju izeju.** [es mekle:ju izeju.]
Je vais à ...	**Es dodos uz ...** [es dɔdɔs uz ...]
C'est la bonne direction pour ...?	**Vai eju pareizā virzienā ...?** [vai eju parɛiza: virziɛna: ...?]

C'est loin?	**Vai tas ir tālu?** [vai tas ir ta:lu?]
Est-ce que je peux y aller à pied?	**Vai es aiziešu ar kājām?** [vai es aiziɛʃu ar ka:ja:m?]
Pouvez-vous me le montrer sur la carte?	**Lūdzu, parādiet to uz kartes?** [lu:dzu, para:diɛt tɔ uz kartes?]
Montrez-moi où sommes-nous, s'il vous plaît.	**Parādiet, kur mēs tagad atrodamies?** [para:diɛt, kur me:s tagad atrɔdamiɛs?]

Ici	**Šeit** [ʃɛit]
Là-bas	**Tur** [tur]
Par ici	**Šurp** [ʃurp]

Tournez à droite.	**Griezieties pa labi.** [griɛziɛties pa labi.]
Tournez à gauche.	**Griezieties pa kreisi.** [griɛziɛties pa krɛisi.]
Prenez la première (deuxième, troisième) rue.	**pirmais (otrais, trešais) pagrieziens** [pirmais pagriɛziɛns]
à droite	**pa labi** [pa labi]

à gauche **pa kreisi**
[pa krɛisi]

Continuez tout droit. **Ejiet taisni uz priekšu.**
[ejiɛt taisni uz priɛkʃu.]

Affiches, Pancartes

BIENVENUE!	**LAIPNI LŪGTI!** [laipni lu:gti!]
ENTRÉE	**IEEJA** [iɛeja]
SORTIE	**IZEJA** [izeja]

POUSSEZ	**GRŪST** [gru:st]
TIREZ	**VILKT** [vilkt]
OUVERT	**ATVĒRTS** [atve:rts]
FERMÉ	**AIZVĒRTS** [sle:gts]

POUR LES FEMMES	**SIEVIETĒM** [siɛviɛte:m]
POUR LES HOMMES	**VĪRIEŠIEM** [vi:riɛʃiɛm]
MESSIEURS (m)	**VĪRIEŠU TUALETE** [vi:riɛʃu tualɛte]
FEMMES (f)	**SIEVIEŠU TUALETE** [siɛviɛʃu tualɛte]

RABAIS	SOLDES	**ATLAIDES** [atlaides]
PROMOTION	**IZPĀRDOŠANA** [izpa:rdoʃana]
GRATUIT	**BEZ MAKSAS** [bezmaksas]
NOUVEAU!	**JAUNUMS!** [jaunums!]
ATTENTION!	**UZMANĪBU!** [uzmani:bu!]

COMPLET	**BRĪVU VIETU NAV** [bri:vu viɛtu nav]
RÉSERVÉ	**REZERVĒTS** [rɛzerve:ts]
ADMINISTRATION	**ADMINISTRĀCIJA** [administra:tsija]
PERSONNEL SEULEMENT	**TIKAI DARBINIEKIEM** [tikai pɛrsɔna:lam]

ATTENTION AU CHIEN!	**NIKNS SUNS!** [nikns suns]
NE PAS FUMER!	**SMĒĶĒT AIZLIEGTS!** [smɛ:tʲe:t aizliɛgts!]
NE PAS TOUCHER!	**AR ROKĀM NEAIZTIKT!** [ar rɔka:m neaiztikt!]
DANGEREUX	**BĪSTAMI!** [bi:stami]
DANGER	**BĪSTAMS!** [bi:stams]
HAUTE TENSION	**AUGSTSPRIEGUMS!** [augstspriɛgums]
BAIGNADE INTERDITE!	**PELDĒT AIZLIEGTS!** [pelde:t aizliɛgts!]

HORS SERVICE | EN PANNE	**NESTRĀDĀ** [nestra:da:]
INFLAMMABLE	**UGUNSNEDROŠS** [ugunsnedrɔʃs]
INTERDIT	**AIZLIEGTS** [aizliɛgts]
ENTRÉE INTERDITE!	**IEBRAUKT AIZLIEGTS!** [iɛiɛja aizliɛgta]
PEINTURE FRAÎCHE	**SVAIGI KRĀSOTS** [svaigi kra:sɔts]

FERMÉ POUR TRAVAUX	**UZ REMONTA LAIKU SLĒGTS** [uz remɔnta laiku sle:gts]
TRAVAUX EN COURS	**UZ CEĻA STRĀDĀ** [uz tsɛlʲa stra:da:]
DÉVIATION	**APVEDCEĻŠ** [apvedtselʲʃ]

Transport - Phrases générales

avion	**lidmašīna** [lidmaʃi:na]
train	**vilciens** [viltsiɛns]
bus, autobus	**autobuss** [autɔbus]
ferry	**prāmis** [pra:mis]
taxi	**taksometrs** [taksɔmetrs]
voiture	**automašīna** [maʃi:na]

horaire	**saraksts** [saraksts]
Où puis-je voir l'horaire?	**Kur var apskatīt sarakstu?** [kur var apskati:t sarakstu?]
jours ouvrables	**darba dienas** [darba diɛnas]
jours non ouvrables	**nedēļas nogales** [nɛdɛ:lʲas nɔgales]
jours fériés	**svētku dienas** [sve:tku diɛnas]

DÉPART	**IZLIDOŠANA** [izlidɔʃana]
ARRIVÉE	**IELIDOŠANA** [iɛlidɔʃana]
RETARDÉE	**KAVĒJAS** [kave:jas]
ANNULÉE	**ATCELTS** [attselts]

prochain (train, etc.)	**nākamais** [na:kamais]
premier	**pirmais** [pirmais]
dernier	**pēdējais** [pɛ:de:jais]

À quelle heure est le prochain ...?	**Kad būs nākošais ...?** [kad bu:s na:kɔʃais ...?]
À quelle heure est le premier ...?	**Kad pienāk pirmais ...?** [kad piɛna:k pirmais ...?]

À quelle heure est le dernier ...?

Kad atiet pēdējais ...?
[kad atiɛt pɛːdeːjais ...?]

correspondance

pārsēšanās
[paːrseːʃanaːs]

prendre la correspondance

pārsēsties
[paːrseːstiɛs]

Dois-je prendre la correspondance?

Vai man ir jāpārsēžas?
[vai man ir jaːpaːrseːʒas?]

Acheter un billet

Où puis-je acheter des billets?	**Kur es varu nopirkt biļetes?** [kur es varu nɔpirkt bilʲɛtes?]
billet	**biļete** [bilʲɛte]
acheter un billet	**nopirkt biļeti** [nɔpirkt bilʲeti]
le prix d'un billet	**biļetes cena** [bilʲɛtes tsɛna]

Pour aller où?	**Uz kurieni?** [uz kuriɛni?]
Quelle destination?	**Līdz kurai stacijai?** [li:dz kurai statsijai?]
Je voudrais ...	**Man vajag ...** [man vajag ...]
un billet	**vienu biļeti** [viɛnu bilʲeti]
deux billets	**divas biļetes** [divas bilʲɛtes]
trois billets	**trīs biļetes** [tri:s bilʲɛtes]

aller simple	**vienā virzienā** [viɛna: virziɛna:]
aller-retour	**turp un atpakaļ** [turp un atpakalʲ]
première classe	**pirmā klase** [pirma: klase]
classe économique	**otrā klase** [ɔtra: klase]

aujourd'hui	**šodien** [ʃɔdiɛn]
demain	**rīt** [ri:t]
après-demain	**parīt** [pari:t]
dans la matinée	**no rīta** [nɔ ri:ta]
l'après-midi	**pēcpusdienā** [pe:tspusdiɛna:]
dans la soirée	**vakarā** [vakara:]

siège côté couloir

ejas sēdvieta
[ejas seːdviɛta]

siège côté fenêtre

sēdvieta pie loga
[seːdviɛta piɛ lɔga]

C'est combien?

Cik maksā?
[tsik maksaː?]

Puis-je payer avec la carte?

Vai varu samkasāt ar karti?
[vai varu samkasaːt ar karti?]

L'autobus

bus, autobus	**autobuss** [autɔbus]
autocar	**starppilsētu autobuss** [starppilsɛ:tu autɔbus]
arrêt d'autobus	**autobusa pietura** [autɔbusa piɛtura]
Où est l'arrêt d'autobus le plus proche?	**Kur ir tuvākā autobusa pietura?** [kur ir tuva:ka: autɔbusa piɛtura?]

numéro	**numurs** [numurs]
Quel bus dois-je prendre pour aller à …?	**Kurš autobus brauc līdz …?** [kurʃ autɔbus brauts li:dz …?]
Est-ce que ce bus va à …?	**Vai šis autobus brauc līdz …?** [vai ʃis autɔbus brauts li:dz …?]
L'autobus passe tous les combien?	**Cik bieži kursē autobusi?** [tsik biɛʒi kurse: autɔbusi?]

chaque quart d'heure	**katras piecpadsmit minūtes** [katras piɛtspadsmit minu:tes]
chaque demi-heure	**katru pusstundu** [katru pustundu]
chaque heure	**katru stundu** [katru stundu]
plusieurs fois par jour	**vairākas reizes dienā** [vaira:kas rɛizes diɛna:]
… fois par jour	**… reizes dienā** [… rɛizes diɛna:]

horaire	**saraksts** [saraksts]
Où puis-je voir l'horaire?	**Kur var apskatīt sarakstu?** [kur var apskati:t sarakstu?]
À quelle heure passe le prochain bus?	**Kad būs nākošais autobuss?** [kad bu:s na:koʃais autɔbus?]
À quelle heure passe le premier bus?	**Kad pienāk pirmais autobuss?** [kad piɛna:k pirmais autɔbus?]
À quelle heure passe le dernier bus?	**Kad atiet pēdējais autobuss?** [kad atiɛt pɛ:de:jais autɔbus?]

arrêt	**pietura** [piɛtura]
prochain arrêt	**nākošā pietura** [na:kama: piɛtura]

terminus

gala pietura
[gala pietura]

Pouvez-vous arrêter ici, s'il vous plaît.

Lūdzu, pieturiet šeit.
[lu:dzu, pieturiet ʃeit.]

Excusez-moi, c'est mon arrêt.

Atvainojiet, šī ir mana pietura.
[atvainɔjiet, ʃi: ir mana pietura.]

Train

train	**vilciens** [viltsiɛns]
train de banlieue	**priekšpilsētas vilciens** [priɛkʃpilsɛ:tas viltsiɛns]
train de grande ligne	**tālsatiksmes vilciens** [ta:lsatiksmes viltsiɛns]
la gare	**dzelzceļa stacija** [dzelztsɛlʲa statsija]
Excusez-moi, où est la sortie vers les quais?	**Atvainojiet, kur ir izeja uz peronu?** [atvainɔjiɛt, kur ir izeja uz perɔnu?]

Est-ce que ce train va à ...?	**Vai šis vilciens dodas uz ...?** [vai ʃis viltsiɛns dɔdas uz ...?]
le prochain train	**nākošais vilciens** [na:kɔʃais viltsiɛns]
À quelle heure est le prochain train?	**Kad pienāks nākošais vilciens?** [kad piɛna:ks na:kɔʃais viltsiɛns?]
Où puis-je voir l'horaire?	**Kur var apskatīt sarakstu?** [kur var apskati:t sarakstu?]
De quel quai?	**No kura perona?** [nɔ kura perɔna?]
À quelle heure arrive le train à ...?	**Kad vilciens pienāk ...?** [kad viltsiɛns piɛna:k ...?]

Pouvez-vous m'aider, s'il vous plaît?	**Lūdzu, palīdziet.** [lu:dzu, pali:dziɛt.]
Je cherche ma place.	**Es meklēju savu vietu.** [es mekle:ju savu viɛtu.]
Nous cherchons nos places.	**Mēs meklējam savas vietas.** [me:s mekle:jam savas viɛtas.]
Ma place est occupée.	**Mana vieta ir aizņemta.** [mana viɛta ir aizɲemta.]
Nos places sont occupées.	**Mūsu vietas ir aizņemtas.** [mu:su viɛtas ir aizɲemtas.]

Excusez-moi, mais c'est ma place.	**Atvainojiet, bet šī ir mana vieta.** [atvainɔjiɛt, bet ʃi: ir mana viɛta.]
Est-ce que cette place est libre?	**Vai šī vieta ir aizņemta?** [vai ʃi: viɛta ir aizɲemta?]
Puis-je m'asseoir ici?	**Vai drīkstu šeit apsēsties?** [vai dri:kstu ʃɛit apse:stiɛs?]

Sur le train - Dialogue (Pas de billet)

Votre billet, s'il vous plaît.

Jūsu biļeti, lūdzu.
[ju:su biļeti, lu:dzu.]

Je n'ai pas de billet.

Man nav biļetes.
[man nav biļɛtes.]

J'ai perdu mon billet.

Es pazaudēju savu biļeti.
[es pazaude:ju savu biļeti.]

J'ai oublié mon billet à la maison.

Es aizmirsu savu biļeti mājās.
[es aizmirsu savu biļeti ma:ja:s.]

Vous pouvez m'acheter un billet.

Jūs varat nopirkt biļeti pie manis.
[ju:s varat nopirkt biļeti piɛ manis.]

Vous devrez aussi payer une amende.

Jums būs jāsamaksā arī soda nauda.
[jums bu:s ja:samaksa: ari: soda nauda.]

D'accord.

Labi.
[labi.]

Où allez-vous?

Uz kurieni jūs brauciet?
[uz kuriɛni ju:s brautsiɛt?]

Je vais à ...

Es braucu līdz ...
[es brautsu li:dz ...]

Combien? Je ne comprend pas.

Cik? Es nesaprotu.
[tsik? es nɛsaprotu.]

Pouvez-vous l'écrire, s'il vous plaît.

Lūdzu, uzrakstiet to.
[lu:dzu, uzrakstiɛt to.]

D'accord. Puis-je payer avec la carte?

Labi. Vai es varu samaksāt ar karti?
[labi. vai es varu samaksa:t ar karti?]

Oui, bien sûr.

Jā, variet.
[ja:, variɛt.]

Voici votre reçu.

Lūdzu, jūsu kvīts.
[lu:dzu, ju:su kvi:ts.]

Désolé pour l'amende.

Atvainojiet par naudas sodu.
[atvainojiɛt par naudas sodu.]

Ça va. C'est de ma faute.

Tas nekas. Tā bija mana vaina.
[tas nɛkas. ta: bija mana vaina.]

Bon voyage.

Patīkamu braucienu.
[pati:kamu brautsiɛnu.]

Taxi

taxi	**taksometrs** [taksɔmetrs]
chauffeur de taxi	**taksometra vadītājs** [taksɔmetra vadi:ta:js]
prendre un taxi	**noķert taksometru** [nɔťert taksɔmetru]
arrêt de taxi	**taksometra pietura** [taksɔmetra piɛtura]
Où puis-je trouver un taxi?	**Kur es varu dabūt taksometru?** [kur es varu dabu:t taksɔmetru?]

appeler un taxi	**izsaukt taksometru** [izsaukt taksɔmetru]
Il me faut un taxi.	**Man vajag taksometru.** [man vajag taksɔmetru.]
maintenant	**Tieši tagad.** [tiɛʃi tagad.]
Quelle est votre adresse?	**Jūsu adrese?** [ju:su adrɛse?]
Mon adresse est ...	**Mana adrese ir ...** [mana adrɛse ir ...]
Votre destination?	**Uz kurieni jūs brauksiet?** [uz kuriɛni ju:s brauksiɛt?]

Excusez-moi, ...	**Atvainojiet, ...** [atvainɔjiɛt, ...]
Vous êtes libre ?	**Vai jūs esat brīvs?** [vai ju:s ɛsat bri:vs?]
Combien ça coûte pour aller à ...?	**Cik maksā aizbraukt līdz ...?** [tsik maksa: aizbraukt li:dz ...?]
Vous savez où ça se trouve?	**Vai jūs zināt, kur tas atrodas?** [vai ju:s zina:t, kur tas atrɔdas?]
À l'aéroport, s'il vous plaît.	**Līdz lidosta, lūdzu.** [li:dz lidɔsta, lu:dzu.]
Arrêtez ici, s'il vous plaît.	**Apturiet šeit, lūdzu.** [apturiɛt ʃɛit, lu:dzu.]
Ce n'est pas ici.	**Tas nav šeit.** [tas nav ʃɛit.]
C'est la mauvaise adresse.	**Šī nav pareizā adrese.** [ʃi: nav parɛiza: adrɛse.]
tournez à gauche	**Tagad pa kreisi.** [tagad pa krɛisi.]
tournez à droite	**Tagad pa labi.** [tagad pa labi.]

Combien je vous dois?	**Cik esmu jums parādā?** [tsik esmu jums para:da:?]
J'aimerais avoir un reçu, s'il vous plaît.	**Es vēlētos čeku, lūdzu.** [es vɛ:le:tɔs tʃɛku, lu:dzu.]
Gardez la monnaie.	**Paturiet atlikumu.** [paturiɛt atlikumu.]

Attendez-moi, s'il vous plaît ...	**Uzgaidiet, lūdzu.** [uzgaidiɛt, lu:dzu.]
cinq minutes	**piecas minūtes** [piɛtsas minu:tes]
dix minutes	**desmit minūtes** [desmit minu:tes]
quinze minutes	**piecpadsmit minūtes** [piɛtspadsmit minu:tes]
vingt minutes	**divdesmit minūtes** [divdesmit minu:tes]
une demi-heure	**pusstundu** [pustundu]

Hôtel

Bonjour.

Sveicināti.
[svɛitsina:ti.]

Je m'appelle …

Mani sauc …
[mani sauts …]

J'ai réservé une chambre.

Man ir rezervēts numurs.
[man ir rɛzerve:ts numurs.]

Je voudrais …

Man vajag …
[man vajag …]

une chambre simple

vienvietīgu numuru
[viɛnviɛti:gu numuru]

une chambre double

divvietīgu numuru
[divviɛti:gu numuru]

C'est combien?

Cik tas maksā?
[tsik tas maksa:?]

C'est un peu cher.

Tas ir nedaudz par dārgu.
[tas ir nɛdaudz par da:rgu.]

Avez-vous autre chose?

Vai jums ir vēl kaut kas?
[vai jums ir ve:l kaut kas?]

Je vais la prendre.

Es to ņemšu.
[es tɔ ɲemʃu.]

Je vais payer comptant.

Es maksāšu skaidrā naudā.
[es maksa:ʃu skaidra: nauda:.]

J'ai un problème.

Man ir problēma.
[man ir prɔblɛ:ma.]

Mon … est cassé /Ma … est cassée/

Mans /mana/ … ir saplīsis /saplīsusi/.
[mans /mana/ … ir sapli:sis /sapli:susi/.]

Mon /Ma/ … ne fonctionne pas.

Mans /mana/ … nestrādā.
[mans /mana/ … nestra:da:.]

télé

televīzors
[tɛlevi:zɔrs]

air conditionné

gaisa kondicionieris
[gaisa kɔnditsiɔniɛris]

robinet

krāns
[kra:ns]

douche

duša
[duʃa]

évier

izlietne
[izliɛtne]

coffre-fort

seifs
[sɛifs]

serrure de porte	**slēdzene** [sle:dzɛne]
prise électrique	**rozete** [rɔzɛte]
sèche-cheveux	**fēns** [fe:ns]

Je n'ai pas ...	**Man nav ...** [man nav ...]
d'eau	**ūdens** [u:dens]
de lumière	**gaismas** [gaismas]
d'électricité	**elektrības** [ɛlektri:bas]

Pouvez-vous me donner ...?	**Vai variet man iedot ...?** [vai variɛt man iɛdɔt ...?]
une serviette	**dvieli** [dviɛli]
une couverture	**segu** [sɛgu]
des pantoufles	**čības** [tʃi:bas]
une robe de chambre	**halātu** [xala:tu]
du shampoing	**šampūnu** [ʃampu:nu]
du savon	**ziepes** [ziɛpes]

Je voudrais changer ma chambre.	**Es vēlos mainīt numuru.** [es ve:lɔs maini:t numuru.]
Je ne trouve pas ma clé.	**Es nevaru atrast savas atslēgas.** [es nɛvaru atrast savas atslɛ:gas.]
Pourriez-vous ouvrir ma chambre, s'il vous plaît?	**Vai variet atvērt manu numuru, lūdzu.** [vai variɛt atve:rt manu numuru, lu:dzu.]
Qui est là?	**Kas tur ir?** [kas tur ir?]
Entrez!	**Ienāciet!** [iɛna:tsiɛt!]
Une minute!	**Vienu minūti!** [viɛnu minu:ti!]
Pas maintenant, s'il vous plaît.	**Lūdzu, ne tagad.** [lu:dzu, ne tagad.]

Pouvez-vous venir à ma chambre, s'il vous plaît.	**Ienāciet pie manis, lūdzu.** [iɛna:tsiɛt piɛ manis, lu:dzu.]
J'aimerais avoir le service d'étage.	**Es vēlos pasūtīt ēdienu numurā.** [es ve:lɔs pasu:ti:t e:diɛnu numura:.]
Mon numéro de chambre est le ...	**Mans istabas numurs ir ...** [mans istabas numurs ir ...]

Je pars ...	**Es aizbraucu ...** [es aizbrautsu ...]
Nous partons ...	**Mēs aizbraucam ...** [me:s aizbrautsam ...]
maintenant	**tagad** [tagad]
cet après-midi	**šo pēcpusdien** [ʃɔ pe:tspusdiɛn]
ce soir	**šovakar** [ʃɔvakar]
demain	**rīt** [ri:t]
demain matin	**rīt no rīta** [ri:t nɔ ri:ta]
demain après-midi	**rītvakar** [ri:tvakar]
après-demain	**parīt** [pari:t]

Je voudrais régler mon compte.	**Es vēlos norēķināties.** [es ve:lɔs nɔre:t'ina:tiɛs.]
Tout était merveilleux.	**Viss bija lieliski.** [vis bija liɛliski.]
Où puis-je trouver un taxi?	**Kur es varu dabūt taksometru?** [kur es varu dabu:t taksɔmetru?]
Pourriez-vous m'appeler un taxi, s'il vous plaît?	**Lūdzu, izsauciet man man taksometru?** [lu:dzu, izsautsiɛt man man taksɔmetru?]

Restaurant

Puis-je voir le menu, s'il vous plaît?	**Vai varu apskatīt ēdienkarti?** [vai varu apskati:t e:diɛnkarti?]
Une table pour une personne.	**Galdiņu vienam.** [galdiņu viɛnam.]
Nous sommes deux (trois, quatre).	**Mēs esam divi (trīs, četri)** [me:s ɛsam divi]

Fumeurs	**Smēķētājiem** [smɛ:tⁱɛ:ta:jiɛm]
Non-fumeurs	**Nesmēķētājiem** [nesmɛ:tⁱɛ:ta:jiɛm]
S'il vous plaît!	**Atvainojiet!** [atvainɔjiɛt!]
menu	**ēdienkarte** [e:diɛnkarte]
carte des vins	**vīna karte** [vi:na karte]
Le menu, s'il vous plaît.	**Ēdienkarti, lūdzu.** [e:diɛnkarti, lu:dzu.]

Êtes-vous prêt à commander?	**Vai esat gatavi pasūtīt?** [vai ɛsat gatavi pasu:ti:t?]
Qu'allez-vous prendre?	**Ko pasūtīsiet?** [kɔ pasu:ti:siɛt?]
Je vais prendre ...	**Man ...** [man ...]

Je suis végétarien.	**Es esmu veģetārietis /veģetāriete/ ...** [es esmu vɛdⁱɛta:riɛtis /vɛdⁱɛta:riɛte/ ...]
viande	**gaļa** [galʲa]
poisson	**zivs** [zivs]
légumes	**dārzeņi** [da:rzeņi]
Avez-vous des plats végétariens?	**Vai jums ir veģetārie ēdieni?** [vai jums ir vɛdⁱɛta:riɛ e:diɛni?]
Je ne mange pas de porc.	**Es neēdu cūkgaļu.** [es neɛ:du tsu:kgalʲu.]
Il /elle/ ne mange pas de viande.	**Viņš /viņa/ neēd gaļu.** [viņʃ /viņa/ nee:d galʲu.]
Je suis allergique à ...	**Man ir alerģija pret ...** [man ir alerdⁱija pret ...]

Pourriez-vous m'apporter ..., s'il vous plaît.	**Vai, atnesīsiet man ..., lūdzu?** [vai, atnesi:siɛt man ..., lu:dzu?]
le sel | le poivre | du sucre	**sāls | pipari | cukurs** [sa:ls | pipari | tsukurs]
un café | un thé | un dessert	**kafija | tēja | deserts** [kafija | te:ja | dɛserts]
de l'eau | gazeuse | plate	**ūdens | gāzēts | negāzēts** [u:dens | ga:ze:ts | nɛga:ze:ts]
une cuillère | une fourchette | un couteau	**karote | dakša | nazis** [karɔte | dakʃa | nazis]
une assiette | une serviette	**šķīvis | salvete** [ʃc'i:vis | salvɛte]

Bon appétit!	**Labu apetīti!** [labu apeti:ti!]
Un de plus, s'il vous plaît.	**Atnesiet vēl, lūdzu.** [atnesiɛt ve:l, lu:dzu.]
C'était délicieux.	**Bija ļoti garšīgi.** [bija lʲoti garʃi:gi.]

l'addition | de la monnaie | le pourboire	**čeks | atlikums | dzeramnauda** [re:tʲins | atlikums | dzɛramnauda]
L'addition, s'il vous plaît.	**Rēķinu, lūdzu.** [re:tʲinu, lu:dzu.]
Puis-je payer avec la carte?	**Vai varu samaksāt ar karti?** [vai varu samaksa:t ar karti?]
Excusez-moi, je crois qu'il y a une erreur ici.	**Atvainojiet, šeit ir kļūda.** [atvainɔjiɛt, ʃɛit ir klʲu:da.]

Shopping. Faire les Magasins

Est-ce que je peux vous aider?	**Kā es varu jums palīdzēt?** [ka: es varu jums pali:dze:t?]
Avez-vous ... ?	**Vai jums ir ...?** [vai jums ir ...?]
Je cherche ...	**Es meklēju ...** [es mekle:ju ...]
Il me faut ...	**Man vajag ...** [man vajag ...]

Je regarde seulement, merci.	**Es tikai skatos.** [es tikai skatɔs.]
Nous regardons seulement, merci.	**Mēs tikai skatāmies.** [me:s tikai skata:miɛs.]
Je reviendrai plus tard.	**Es ienākšu vēlāk.** [es iɛna:kʃu vɛ:la:k.]
On reviendra plus tard.	**Mēs ienāksim vēlāk.** [me:s iɛna:ksim vɛ:la:k.]
Rabais | Soldes	**atlaides | izpārdošana** [atlaides | izpa:rdɔʃana]

Montrez-moi, s'il vous plaît ...	**Vai parādīsiet man, lūdzu, ...** [vai para:di:siɛt man, lu:dzu, ...]
Donnez-moi, s'il vous plaît ...	**Vai iedosiet man, lūdzu, ...** [vai iɛdɔsiɛt man, lu:dzu, ...]

Est-ce que je peux l'essayer?	**Vai drīkstu pielaikot?** [vai dri:kstu piɛlaikɔt?]
Excusez-moi, où est la cabine d'essayage?	**Atvainojiet, kur ir pielaikošanas kabīne?** [atvainɔjiɛt, kur ir piɛlaikɔʃanas kabi:ne?]
Quelle couleur aimeriez-vous?	**Kādu krāsu vēlaties?** [ka:du kra:su vɛ:latiɛs?]
taille | longueur	**izmērs | augums** [izmɛ:rs | augums]
Est-ce que la taille convient ?	**Vai der?** [vai der?]

Combien ça coûte?	**Cik tas maksā?** [tsik tas maksa:?]
C'est trop cher.	**Tas ir par dārgu.** [tas ir par da:rgu.]
Je vais le prendre.	**Es to ņemšu.** [es tɔ ɲemʃu.]

Excusez-moi, où est la caisse?	**Atvainojiet, kur es varu samaksāt?** [atvainɔjiɛt, kur es varu samaksa:t?]
Payerez-vous comptant ou par carte de crédit?	**Vai maksāsiet skaidrā naudā** **vai ar karti?** [vai maksa:siɛt skaidra: nauda: vai ar karti?]
Comptant | par carte de crédit	**Skaidrā naudā | ar karti** [skaidra: nauda: | ar karti]

Voulez-vous un reçu?	**Vai jums vajag čeku?** [vai jums vajag tʃɛku?]
Oui, s'il vous plaît.	**Jā, lūdzu.** [ja:, lu:dzu.]
Non, ce n'est pas nécessaire.	**Nē, paldies.** [ne:, paldiɛs.]
Merci. Bonne journée!	**Paldies. Visu labu!** [paldiɛs. visu labu!]

En ville

Excusez-moi, ...	**Atvainojiet, lūdzu ...** [atvainɔjiɛt, lu:dzu ...]
Je cherche ...	**Es meklēju ...** [es mekle:ju ...]

le métro	**metro** [metrɔ]
mon hôtel	**savu viesnīcu** [savu viɛsni:tsu]
le cinéma	**kinoteātri** [kinɔtea:tri]
un arrêt de taxi	**taksometra pieturu** [taksɔmetra piɛturu]

un distributeur	**bankomātu** [bankɔma:tu]
un bureau de change	**valūtas maiņas punktu** [valu:tas maiɲas punktu]
un café internet	**interneta kafejnīcu** [internɛta kafejni:tsu]
la rue ...	**... ielu** [... iɛlu]
cette place-ci	**šo vietu** [ʃɔ viɛtu]

Savez-vous où se trouve ...?	**Vai jūs ziniet, kur atrodas ...?** [vai ju:s ziniɛt, kur atrɔdas ...?]
Quelle est cette rue?	**Kā sauc šo ielu?** [ka: sauts ʃɔ iɛlu?]
Montrez-moi où sommes-nous, s'il vous plaît.	**Parādiet, kur mēs tagad atrodamies?** [para:diɛt, kur me:s tagad atrɔdamiɛs?]

Est-ce que je peux y aller à pied?	**Vai es aiziešu ar kājām?** [vai es aiziɛʃu ar ka:ja:m?]
Avez-vous une carte de la ville?	**Vai jums ir šīs pilsētas karte?** [vai jums ir ʃi:s pilsɛ:tas karte?]

C'est combien pour un ticket?	**Cik maksā ieejas biļete?** [tsik maksa: iɛejas biļete?]
Est-ce que je peux faire des photos?	**Vai šeit drīkst fotografēt?** [vai ʃeit dri:kst fotografe:t?]
Êtes-vous ouvert?	**Vai esat atvērti?** [vai ɛsat atve:rti?]

À quelle heure ouvrez-vous?

Cikos jūs atverieties?
[tsikɔs ju:s atveriɛtiɛs?]

À quelle heure fermez-vous?

Līdz cikiem jūs strādājiet?
[li:dz tsikiɛm ju:s stra:da:jiɛt?]

L'argent

argent	**nauda** [nauda]
argent liquide	**skaidra nauda** [skaidra nauda]
des billets	**papīra nauda** [papi:ra nauda]
petite monnaie	**sīknauda** [si:knauda]
l'addition | de la monnaie | le pourboire	**čeks | atlikums | dzeramnauda** [re:t'ins | atlikums | dzɛramnauda]
carte de crédit	**kredītkarte** [kredi:tkarte]
portefeuille	**maks** [maku]
acheter	**pirkt** [pirkt]
payer	**maksāt** [maksa:t]
amende	**sods** [sɔds]
gratuit	**bez maksas** [bez maksas]
Où puis-je acheter … ?	**Kur es varu nopirkt …?** [kur es varu nɔpirkt …?]
Est-ce que la banque est ouverte en ce moment?	**Vai tagad banka ir atvērta?** [vai tagad banka ir atve:rta?]
À quelle heure ouvre-t-elle?	**No cikiem tā ir atvērta?** [nɔ tsikiɛm ta: ir atve:rta?]
À quelle heure ferme-t-elle?	**Līdz cikiem tā strādā?** [li:dz tsikiɛm ta: stra:da:?]
C'est combien?	**Cik maksā?** [tsik maksa:?]
Combien ça coûte?	**Cik tas maksā?** [tsik tas maksa:?]
C'est trop cher.	**Tas ir par dārgu.** [tas ir par da:rgu.]
Excusez-moi, où est la caisse?	**Atvainojiet, kur es varu samaksāt?** [atvainɔjiɛt, kur es varu samaksa:t?]
L'addition, s'il vous plaît.	**Rēķinu, lūdzu.** [re:t'inu, lu:dzu.]

Puis-je payer avec la carte?	**Vai varu samaksāt ar karti?** [vai varu samaksa:t ar karti?]
Est-ce qu'il y a un distributeur ici?	**Vai šeit ir bankomāts?** [vai ʃɛit ir bankɔma:ts?]
Je cherche un distributeur.	**Es meklēju bankomātu.** [es mekle:ju bankɔma:tu.]

Je cherche un bureau de change.	**Es meklēju valūtas maiņas punktu.** [es mekle:ju valu:tas maiɲas punktu.]
Je voudrais changer ...	**Es vēlos samainīt ...** [es ve:lɔs samaini:t ...]
Quel est le taux de change?	**Kāds ir valūtas kurss?** [ka:ds ir valu:tas kurs?]
Avez-vous besoin de mon passeport?	**Vai jums vajag manu pasi?** [vai jums vajag manu pasi?]

Le temps

Quelle heure est-il?	**Cik pulkstens?** [tsik pulkstens?]
Quand?	**Kad?** [kad?]
À quelle heure?	**Cikos?** [tsikɔs?]
maintenant | plus tard | après …	**tagad | vēlāk | pēc …** [tagad | vɛːlaːk | peːts …]

une heure	**pulkstens viens** [pulkstens viɛns]
une heure et quart	**piecpadsmit pāri vieniem** [piɛtspadsmit paːri viɛniɛm]
une heure et demie	**pusdivi** [pusdivi]
deux heures moins quart	**bez piecpadsmt divi** [bez piɛtspadsmt divi]

un | deux | trois	**viens | divi | trīs** [viɛns | divi | triːs]
quatre | cinq | six	**četri | pieci | seši** [tʃetri | piɛtsi | seʃi]
sept | huit | neuf	**septiņi | astoņi | deviņi** [septiɲi | astɔɲi | deviɲi]
dix | onze | douze	**desmit | vienpadsmit | divpadsmit** [desmit | viɛnpadsmit | divpadsmit]

dans …	**pēc …** [peːts …]
cinq minutes	**piecām minūtēm** [piɛtsaːm minuːteːm]
dix minutes	**desmit minūtēm** [desmit minuːteːm]
quinze minutes	**piecpadsmit minūtēm** [piɛtspadsmit minuːteːm]
vingt minutes	**divdesmit minūtēm** [divdesmit minuːteːm]

une demi-heure	**pusstundas** [pustundas]
une heure	**stundas** [stundas]
dans la matinée	**no rīta** [nɔ riːta]

tôt le matin	**agri no rīta** [agri nɔ ri:ta]
ce matin	**šorīt** [ʃori:t]
demain matin	**rīt no rīta** [ri:t nɔ ri:ta]

à midi	**pusdienlaikā** [pusdiɛnlaika:]
dans l'après-midi	**pēcpusdienā** [pe:tspusdiɛna:]
dans la soirée	**vakarā** [vakara:]
ce soir	**šovakar** [ʃovakar]

la nuit	**naktī** [nakti:]
hier	**vakar** [vakar]
aujourd'hui	**šodien** [ʃodiɛn]
demain	**rīt** [ri:t]
après-demain	**parīt** [pari:t]

Quel jour sommes-nous aujourd'hui?	**Kas šodien par dienu?** [kas ʃodiɛn par diɛnu?]
Nous sommes ...	**Šodien ir ...** [ʃodiɛn ir ...]
lundi	**Pirmdiena** [pirmdiɛna]
mardi	**Otrdiena** [ɔtrdiɛna]
mercredi	**Trešdiena** [treʃdiɛna]

jeudi	**Ceturtdiena** [tsɛturtdiɛna]
vendredi	**Piektdiena** [piɛktdiɛna]
samedi	**Sestdiena** [sestdiɛna]
dimanche	**Svētdiena** [sve:tdiɛna]

Salutations - Introductions

Bonjour.	**Sveicināti.** [svɛitsinaːti.]
Enchanté /Enchantée/	**Priecājos ar jums iepazīties.** [priɛtsaːjɔs ar jums iɛpaziːtiɛs.]
Moi aussi.	**Es arī.** [es ariː.]
Je voudrais vous présenter ...	**Es vēlos jūs iepazīstināt ar ...** [es veːlɔs juːs iɛpaziːstinaːt ar ...]
Ravi /Ravie/ de vous rencontrer.	**Ļoti patīkami.** [ʎɔti patiːkami.]

Comment allez-vous?	**Kā jums klājas?** [kaː jums klaːjas?]
Je m'appelle ...	**Mani sauc ...** [mani sauts ...]
Il s'appelle ...	**Viņu sauc ...** [viɲu sauts ...]
Elle s'appelle ...	**Viņu sauc ...** [viɲu sauts ...]
Comment vous appelez-vous?	**Kā jūs sauc?** [kaː juːs sauts?]
Quel est son nom?	**Kā viņu sauc?** [kaː viɲu sauts?]
Quel est son nom?	**Kā viņu sauc?** [kaː viɲu sauts?]

Quel est votre nom de famille?	**Kāds ir jūsu uzvārds?** [kaːds ir juːsu uzvaːrds?]
Vous pouvez m'appeler ...	**Sauciet mani ...** [sautsiɛt mani ...]
D'où êtes-vous?	**No kurienes jūs esat?** [nɔ kuriɛnes juːs ɛsat?]
Je suis de ...	**Esmu no ...** [ɛsmu nɔ ...]
Qu'est-ce que vous faites dans la vie?	**Kāda ir jūsu nodarbošanās?** [kaːda ir juːsu nɔdarbɔʃanaːs?]

Qui est-ce?	**Kas tas /tā/ ir?** [kas tas /taː/ ir?]
Qui est-il?	**Kas viņš ir?** [kas viɲʃ ir?]
Qui est-elle?	**Kas viņa ir?** [kas viɲa ir?]

Qui sont-ils?	**Kas viņi /viņas/ ir?** [kas viņi /viņas/ ir?]
C'est ...	**Tas /tā/ ir ...** [tas /ta:/ ir ...]
mon ami	**mans draugs** [mans draugs]
mon amie	**mana draudzene** [mana draudzɛne]
mon mari	**mans vīrs** [mans vi:rs]
ma femme	**mana sieva** [mana siɛva]

mon père	**mans tēvs** [mans te:vs]
ma mère	**mana māte** [mana ma:te]
mon frère	**mans brālis** [mans bra:lis]
ma sœur	**mana māsa** [mana ma:sa]
mon fils	**mans dēls** [mans dɛ:ls]
ma fille	**mana meita** [mana mɛita]

C'est notre fils.	**Šis ir mūsu dēls.** [ʃis ir mu:su dɛ:ls.]
C'est notre fille.	**Šī ir mūsu meita.** [ʃi: ir mu:su mɛita.]
Ce sont mes enfants.	**Šie ir mani bērni.** [ʃiɛ ir mani be:rni.]
Ce sont nos enfants.	**Šie ir mūsu bērni.** [ʃiɛ ir mu:su be:rni.]

Les adieux

Au revoir!	**Uz redzēšanos!** [uz redze:ʃanɔs!]
Salut!	**Atā!** [ata:!]
À demain.	**Līdz rītam.** [li:dz ri:tam.]
À bientôt.	**Uz tikšanos.** [uz tikʃanɔs.]
On se revoit à sept heures.	**Tiekamies septiņos.** [tiɛkamies septiɳɔs.]

Amusez-vous bien!	**Izpriecājaties!** [izpriɛtsa:jatiɛs!]
On se voit plus tard.	**Parunāsim vēlāk.** [paruna:sim vɛ:la:k.]
Bonne fin de semaine.	**Lai tev laba nedēļas nogale.** [lai tev laba nɛdɛ:lʲas nɔgale.]
Bonne nuit.	**Arlabunakt.** [arlabunakt.]

Il est l'heure que je parte.	**Man laiks doties.** [man laiks dɔtiɛs.]
Je dois m'en aller.	**Man jāiet.** [man ja:iɛt.]
Je reviens tout de suite.	**Es tūlīt būšu atpakaļ.** [es tu:li:t bu:ʃu atpakalʲ.]

Il est tard.	**Jau vēls.** [jau vɛ:ls.]
Je dois me lever tôt.	**Man agri jāceļas.** [man agri ja:tsɛlʲas.]
Je pars demain.	**Es rīt aizbraucu.** [es ri:t aizbrautsu.]
Nous partons demain.	**Mēs rīt aizbraucam.** [me:s ri:t aizbrautsam.]

Bon voyage!	**Laimīgu ceļojumu!** [laimi:gu tselʲɔjumu!]
Enchanté de faire votre connaissance.	**Bija prieks ar jums iepazīties.** [bija priɛks ar jums iɛpazi:tiɛs.]
Heureux /Heureuse/ d'avoir parlé avec vous.	**Bija prieks ar jums sarunāties.** [bija priɛks ar jums saruna:tiɛs.]
Merci pour tout.	**Paldies par visu.** [paldies par visu.]

Je me suis vraiment amusé /amusée/ **Es patīkami pavadīju laiku.**
[es pati:kami pavadi:ju laiku.]

Nous nous sommes vraiment
amusés /amusées/ **Mēs patīkami pavadījām laiku.**
[me:s pati:kami pavadi:ja:m laiku.]

C'était vraiment plaisant. **Viss bija lieliski.**
[vis bija lieliski.]

Vous allez me manquer. **Man jūs pietrūks.**
[man ju:s pietru:ks.]

Vous allez nous manquer. **Mums jūs pietrūks.**
[mums ju:s pietru:ks.]

Bonne chance! **Lai veicas!**
[lai vɛitsas!]

Mes salutations à … **Pasveiciniet …**
[pasvɛitsiniɛt …]

Une langue étrangère

Je ne comprends pas.	**Es nesaprotu.** [ɛs nɛsaprɔtu.]
Écrivez-le, s'il vous plaît.	**Lūdzu, uzrakstiet to.** [lu:dzu, uzrakstiɛt tɔ.]
Parlez-vous ...?	**Vai jūs runājat ...?** [vai ju:s runa:jat ...?]

Je parle un peu ...	**Es nedaudz protu ...** [ɛs nɛdaudz prɔtu ...]
anglais	**angļu valodu** [aŋglʲu valɔdu]
turc	**turku valodu** [turku valɔdu]
arabe	**arābu valodu** [ara:bu valɔdu]
français	**franču valodu** [frantʃu valɔdu]

allemand	**vācu valodu** [va:tsu valɔdu]
italien	**itāļu valodu** [ita:lʲu valɔdu]
espagnol	**spāņu valodu** [spa:ɲu valɔdu]
portugais	**portugāļu valodu** [pɔrtuga:lʲu valɔdu]
chinois	**ķīniešu valodu** [tʲi:niɛʃu valɔdu]
japonais	**japāņu valodu** [japa:ɲu valɔdu]

Pouvez-vous le répéter, s'il vous plaît.	**Lūdzu, atkārtojiet.** [lu:dzu, atka:rtɔjiɛt.]
Je comprends.	**Es saprotu.** [ɛs saprɔtu.]
Je ne comprends pas.	**Es nesaprotu.** [ɛs nɛsaprɔtu.]
Parlez plus lentement, s'il vous plaît.	**Lūdzu, runājiet lēnāk.** [lu:dzu, runa:jiɛt lɛ:na:k.]

Est-ce que c'est correct?	**Vai pareizi?** [vai parɛizi?]
Qu'est-ce que c'est?	**Kas tas ir?** [kas tas ir?]

Les excuses

Excusez-moi, s'il vous plaît.	**Atvainojiet, lūdzu.** [atvainɔjiɛt, luːdzu.]
Je suis désolé /désolée/	**Man žēl.** [man ʒeːl.]
Je suis vraiment /désolée/	**Man ļoti žēl.** [man lʲɔti ʒeːl.]
Désolé /Désolée/, c'est ma faute.	**Atvainojiet, tā ir mana vaina.** [atvainɔjiɛt, taː ir mana vaina.]
Au temps pour moi.	**Mana kļūda.** [mana klʲuːda.]

Puis-je … ?	**Vai drīkstu …?** [vai driːkstu …?]
Ça vous dérange si je …?	**Vai jums nav nekas pretī, ja es …?** [vai jums nav nɛkas pretiː, ja es …?]
Ce n'est pas grave.	**Tas nekas.** [tas nɛkas.]
Ça va.	**Viss kārtībā.** [vis kaːrtiːbaː.]
Ne vous inquiétez pas.	**Neuztraucieties.** [nɛuztrautsiɛtiɛs.]

Les accords

Oui	**Jā.** [ja:.]
Oui, bien sûr.	**Jā, protams.** [ja:, prɔtams.]
Bien.	**Labi!** [labi!]
Très bien.	**Ļoti labi.** [ĺɔti labi.]
Bien sûr!	**Protams!** [prɔtams!]
Je suis d'accord.	**Es piekrītu.** [es piɛkri:tu.]
C'est correct.	**Taisnība.** [taisni:ba.]
C'est exact.	**Pareizi.** [parɛizi.]
Vous avez raison.	**Jums taisnība.** [jums taisni:ba.]
Je ne suis pas contre.	**Man nav iebildumu.** [man nav iɛbildumu.]
Tout à fait correct.	**Pilnīgi pareizi.** [pilni:gi parɛizi.]
C'est possible.	**Tas ir iespējams.** [tas ir iɛspe:jams.]
C'est une bonne idée.	**Tā ir laba doma.** [ta: ir laba dɔma.]
Je ne peux pas dire non.	**Es nevaru atteikt.** [es nɛvaru attɛikt.]
J'en serai ravi /ravie/	**Priecāšos.** [priɛtsa:ʃɔs.]
Avec plaisir.	**Ar prieku.** [ar priɛku.]

Refus, exprimer le doute

Non	**Nē.** [ne:.]
Absolument pas.	**Noteikti, nē.** [nɔtɛikti, ne:.]
Je ne suis pas d'accord.	**Es nepiekrītu.** [es nepiɛkri:tu.]

Je ne le crois pas.	**Es tā nedomāju.** [es ta: nedɔma:ju.]
Ce n'est pas vrai.	**Tā nav taisnība.** [ta: nav taisni:ba.]

Vous avez tort.	**Jums nav taisnība.** [jums nav taisni:ba.]
Je pense que vous avez tort.	**Es domāju, jums nav taisnība.** [es dɔma:ju, jums nav taisni:ba.]
Je ne suis pas sûr /sûre/	**Neesmu drošs.** [neesmu drɔʃs.]

C'est impossible.	**Tas nav iespējams.** [tas nav iɛspe:jams.]
Pas du tout!	**Nekas tamlīdzīgs.** [nɛkas tamli:dzi:gs.]

Au contraire!	**Tieši pretēji.** [tiɛʃi prɛte:ji.]
Je suis contre.	**Esmu pret.** [ɛsmu pret.]
Ça m'est égal.	**Man vienalga.** [man viɛnalga.]

Je n'ai aucune idée.	**Man nav ne jausmas.** [man nav ne jausmas.]
Je doute que cela soit ainsi.	**Šaubos, ka tas tā ir.** [ʃaubɔs, ka tas ta: ir.]

Désolé /Désolée/, je ne peux pas.	**Atvainojiet, es nevaru.** [atvainɔjiɛt, es nɛvaru.]
Désolé /Désolée/, je ne veux pas.	**Atvainojiet, es negribu.** [atvainɔjiɛt, es negribu.]
Merci, mais ça ne m'intéresse pas.	**Paldies, bet man tas nav vajadzīgs.** [paldiɛs, bet man tas nav vajadzi:gs.]
Il se fait tard.	**Jau vēls.** [jau vɛ:ls.]

Je dois me lever tôt.

Man agri jāceļas.
[man agri jaːtsɛlʲas.]

Je ne me sens pas bien.

Man ir slikti.
[man ir slikti.]

Exprimer la gratitude

Merci.	**Paldies.** [paldiɛs.]
Merci beaucoup.	**Liels paldies.** [liɛls paldiɛs.]
Je l'apprécie beaucoup.	**Esmu ļoti pateicīgs /pateicīga/.** [ɛsmu ļoti patɛitsi:gs /patɛitsi:ga/.]
Je vous suis très reconnaissant.	**Es pateicos jums.** [es patɛitsɔs jums.]
Nous vous sommes très reconnaissant.	**Mēs pateicamies jums.** [me:s patɛitsamies jums.]
Merci pour votre temps.	**Paldies, ka veltījāt laiku.** [paldiɛs, ka velti:ja:t laiku.]
Merci pour tout.	**Paldies par visu.** [paldies par visu.]
Merci pour ...	**Paldies par ...** [paldies par ...]
votre aide	**palīdzību** [pali:dzi:bu]
les bons moments passés	**labi pavadītu laiku** [labi pavadi:tu laiku]
un repas merveilleux	**brīnišķīgu maltīti** [bri:niʃʲkʲi:gu malti:ti]
cette agréable soirée	**patīkamu vakaru** [pati:kamu vakaru]
cette merveilleuse journée	**lielisku dienu** [liɛlisku diɛnu]
une excursion extraordinaire	**pārsteidzošo braucienu** [pa:rstɛidzoʃo brautsiɛnu]
Il n'y a pas de quoi.	**Nav par ko.** [nav par kɔ.]
Vous êtes les bienvenus.	**Nav vērts pieminēt.** [nav ve:rts piɛmine:t.]
Mon plaisir.	**Jebkurā laikā.** [jebkura: laika:.]
J'ai été heureux /heureuse/ de vous aider.	**Bija prieks palīdzēt.** [bija priɛks pali:dze:t.]
Ça va. N'y pensez plus.	**Aizmirstiet. Viss kārtībā.** [aizmirstiɛt. vis ka:rti:ba:.]
Ne vous inquiétez pas.	**Neuztraucieties.** [nɛuztrautsiɛtiɛs.]

Félicitations. Vœux de fête

Félicitations!

Joyeux anniversaire!

Joyeux Noël!

Bonne Année!

Apsveicu!
[apsvɛitsu!]
Daudz laimes dzimšanas dienā!
[daudz laimes dzimʃanas diɛna:!]
Priecīgus Ziemassvētkus!
[priɛtsi:gus ziɛmasve:tkus!]
Laimīgu Jauno gadu!
[laimi:gu jauno gadu!]

Joyeuses Pâques!

Joyeux Hanoukka!

Priecīgas Lieldienas!
[priɛtsi:gas liɛldiɛnas!]
Priecīgu Hanuku!
[priɛtsi:gu xanuku!]

Je voudrais proposer un toast.

Santé!

Buvons à ...!

À notre succès!

À votre succès!

Es vēlos teikt tostu.
[es ve:lɔs tɛikt tɔstu.]
Priekā!
[priɛka:!]
Uz ... veselību!
[uz ... vɛseli:bu!]
Par mūsu panākumiem!
[par mu:su pana:kumiɛm!]
Par jūsu panākumiem!
[par ju:su pana:kumiɛm!]

Bonne chance!

Bonne journée!

Passez de bonnes vacances !

Bon voyage!

Rétablissez-vous vite.

Lai veicas!
[lai vɛitsas!]
Lai jums jauka diena!
[lai jums jauka diɛna!]
Lai jums labas brīvdienas!
[lai jums labas bri:vdiɛnas!]
Lai jums veiksmīgs ceļojums!
[lai jums vɛiksmi:gs tseljɔjums!]
Novēlu jums ātru atveseļošanos!
[nɔvɛ:lu jums a:tru atvɛseljɔʃanɔs!]

Socialiser

Pourquoi êtes-vous si triste?	**Kāpēc jūs esat noskumis /noskumusi/?** [ka:pe:ts ju:s ɛsat nɔskumis /nɔskumusi/?]
Souriez!	**Pasmaidiet!** [pasmaidiɛt!]
Êtes-vous libre ce soir?	**Vai esat aizņemts /aizņemta/ šovakar?** [vai ɛsat aizɲemts /aizɲemta/ ʃɔvakar?]

Puis-je vous offrir un verre?	**Vai drīkstu jums uzsaukt dzērienu?** [vai dri:kstu jums uzsaukt dze:riɛnu?]
Voulez-vous danser?	**Vai vēlaties padejot?** [vai vɛ:laties padejɔt?]
Et si on va au cinéma?	**Varbūt aizejam uz kino?** [varbu:t aizejam uz kinɔ?]

Puis-je vous inviter ...	**Vai drīkstu jūs aicināt uz ...?** [vai dri:kstu ju:s aitsina:t uz ...?]
au restaurant	**restorānu** [restɔra:nu]
au cinéma	**kino** [kinɔ]
au théâtre	**teātri** [tea:tri]
pour une promenade	**pastaigu** [pastaigu]

À quelle heure?	**Cikos?** [tsikɔs?]
ce soir	**šovakar** [ʃɔvakar]
à six heures	**sešos** [seʃɔs]
à sept heures	**septiņos** [septiɲɔs]
à huit heures	**astošos** [astɔʃɔs]
à neuf heures	**deviņos** [deviɲɔs]

Est-ce que vous aimez cet endroit?	**Vai jums te patīk?** [vai jums te pati:k?]
Êtes-vous ici avec quelqu'un?	**Vai jūs esat šeit ar kādu?** [vai ju:s ɛsat ʃɛit ar ka:du?]

Je suis avec mon ami.

Esmu ar draugu /draudzeni/.
[ɛsmu ar draugu /draudzeni/.]

Je suis avec mes amis.

Esmu ar saviem draugiem.
[ɛsmu ar saviɛm draugiɛm.]

Non, je suis seul /seule/

Nē, esmu viens /viena/.
[ne:, esmu viɛns /viɛna/.]

As-tu un copain?

Vai jums ir puisis?
[vai jums ir puisis?]

J'ai un copain.

Man ir puisis.
[man ir puisis.]

As-tu une copine?

Vai jums ir meitene?
[vai jums ir mɛitɛne?]

J'ai une copine.

Man ir meitene,
[man ir mɛitɛne,]

Est-ce que je peux te revoir?

Vai mēs vēl tiksimies?
[vai me:s ve:l tiksimiɛs?]

Est-ce que je peux t'appeler?

Vai drīkstu tev piezvanīt?
[vai dri:kstu tev piɛzvani:t?]

Appelle-moi.

Piezvani man.
[piɛzvani man.]

Quel est ton numéro?

Kāds ir tavs numurs?
[ka:ds ir tavs numurs?]

Tu me manques.

Man tevis pietrūkst.
[man tevis piɛtru:kst.]

Vous avez un très beau nom.

Jums ir skaists vārds.
[jums ir skaists va:rds.]

Je t'aime.

Es tevi mīlu.
[es tevi mi:lu.]

Veux-tu te marier avec moi?

Vai precēsi mani.
[vai pretse:si mani.]

Vous plaisantez!

Jūs jokojat?
[ju:s jɔkɔjat?]

Je plaisante.

Es tikai jokoju.
[es tikai jɔkɔju.]

Êtes-vous sérieux /sérieuse/?

Vai jūs nopietni?
[vai ju:s nɔpiɛtni?]

Je suis sérieux /sérieuse/

Es runāju nopietni.
[es runa:ju nɔpiɛtni.]

Vraiment?!

Tiešām?!
[tiɛʃa:m?!]

C'est incroyable!

Tas ir neticami!
[tas ir netitsami!]

Je ne vous crois pas.

Es jums neticu!
[es jums netitsu!]

Je ne peux pas.

Es nevaru.
[es nɛvaru.]

Je ne sais pas.

Es nezinu.
[es nezinu.]

Je ne vous comprends pas	**Es jūs nesaprotu.** [es juːs nɛsaprɔtu.]
Laissez-moi! Allez-vous-en!	**Lūdzu, ejiet prom.** [luːdzu, ejiɛt prɔm.]
Laissez-moi tranquille!	**Atstājiet mani vienu!** [atstaːjiɛt mani viɛnu!]

Je ne le supporte pas.	**Es nevaru viņu ciest.** [es nɛvaru viɲu tsiɛst.]
Vous êtes dégoûtant!	**Jūs esat pretīgs!** [juːs ɛsat pretiːgs!]
Je vais appeler la police!	**Es izsaukšu policiju!** [es izsaukʃu pɔlitsiːju!]

Partager des impressions. Émotions

J'aime ça.	**Man patīk.** [man pati:k.]
C'est gentil.	**Ļoti jauki.** [ļ⁰ti jauki.]
C'est super!	**Tas ir lieliski!** [tas ir liɛliski!]
C'est assez bien.	**Tas nav slikti.** [tas nav slikti.]

Je n'aime pas ça.	**Man nepatīk.** [man nɛpati:k.]
Ce n'est pas bien.	**Tas nav labi.** [tas nav labi.]
C'est mauvais.	**Tas ir slikti.** [tas ir slikti.]
Ce n'est pas bien du tout.	**Tas ir ļoti slikti.** [tas ir ļ⁰ti slikti.]
C'est dégoûtant.	**Tas ir pretīgi.** [tas ir preti:gi.]

Je suis content /contente/	**Esmu laimīgs /laimīga/.** [ɛsmu laimi:gs /laimi:ga/.]
Je suis heureux /heureuse/	**Esmu apmierināts /apmierināta/.** [ɛsmu apmiɛrina:ts /apmiɛrina:ta/.]
Je suis amoureux /amoureuse/	**Esmu iemīlējies /iemīlējusies/.** [ɛsmu iɛmi:le:jies /iɛmi:le:jusiɛs/.]
Je suis calme.	**Esmu mierīgs /mierīga/.** [ɛsmu miɛri:gs /miɛri:ga/.]
Je m'ennuie.	**Man ir garlaicīgi.** [man ir garlaitsi:gi.]

Je suis fatigué /fatiguée/	**Es esmu noguris /nogurusi/.** [es esmu nɔguris /nɔgurusi/.]
Je suis triste.	**Man ir skumji.** [man ir skumji.]
J'ai peur.	**Man ir bail.** [man ir bail.]

Je suis fâché /fâchée/	**Esmu dusmīgs /dusmīga/.** [ɛsmu dusmi:gs /dusmi:ga/.]
Je suis inquiet /inquiète/	**Esmu uztraucies /uztraukusies/.** [ɛsmu uztrautsies /uztraukusiɛs/.]
Je suis nerveux /nerveuse/	**Esmu nervozs /nervoza/.** [ɛsmu nervɔzs /nervɔza/.]

Je suis jaloux /jalouse/

Es apskaužu.
[es apskauʒu.]

Je suis surpris /surprise/

Esmu pārsteigts /pārsteigta/.
[ɛsmu paːrstɛigts /paːrstɛigta/.]

Je suis gêné /gênée/

Esmu apjucis /apjukusi/.
[ɛsmu apjutsis /apjukusi/.]

Problèmes. Accidents

J'ai un problème.	**Man ir problēma.** [man ir prɔblɛ:ma.]
Nous avons un problème.	**Mums ir problēma.** [mums ir prɔblɛ:ma.]

Je suis perdu /perdue/	**Esmu apmaldījies /apmaldījusies/.** [ɛsmu apmaldi:jies /apmaldi:jusiɛs/.]
J'ai manqué le dernier bus (train).	**Es nokavēju pēdējo autobusu (vilcienu).** [es nɔkave:ju pɛ:de:jɔ autɔbusu.]
Je n'ai plus d'argent.	**Man vairs nav naudas.** [man vairs nav naudas.]

J'ai perdu mon ...	**Es pazaudēju savu ...** [es pazaude:ju savu ...]
On m'a volé mon ...	**Kāds nozaga manu ...** [ka:ds nɔzaga manu ...]
passeport	**pasi** [pasi]
portefeuille	**maku** [maku]
papiers	**dokumentus** [dɔkumentus]
billet	**biļeti** [bilʲeti]

argent	**naudu** [naudu]
sac à main	**rokassomiņu** [rɔkasɔmiɲu]
appareil photo	**fotoaparātu** [fɔtɔapara:tu]
portable	**klēpjdatoru** [kle:pjdatɔru]
ma tablette	**planšetdatoru** [planʃetdatɔru]
mobile	**mobīlo telefonu** [mɔbi:lɔ tɛlefɔnu]

Au secours!	**Palīgā!** [pali:ga:!]
Qu'est-il arrivé?	**Kas noticis?** [kas nɔtitsis?]

un incendie	**ugunsgrēks** [ugunsgre:ks]
des coups de feu	**apšaude** [ʃauʃana]
un meurtre	**slepkavība** [slepkavi:ba]
une explosion	**sprādziens** [spra:dziɛns]
une bagarre	**kautiņš** [kautiɲʃ]

Appelez la police!	**Izauciet policīju!** [izautsiɛt politsi:ju!]
Dépêchez-vous, s'il vous plaît!	**Lūdzu, pasteidzieties!** [lu:dzu, pastɛidziɛtiɛs!]
Je cherche le commissariat de police.	**Es meklēju policījas iecirkni.** [es mekle:ju politsi:jas iɛtsirkni.]
Il me faut faire un appel.	**Man jāpezvana.** [man ja:pezvana.]
Puis-je utiliser votre téléphone?	**Vai drīkstu piezvanīt?** [vai dri:kstu piɛzvani:t?]

J'ai été ...	**Mani ...** [mani ...]
agressé /agressée/	**aplaupīja** [aplaupi:ja]
volé /volée/	**apzaga** [apzaga]
violée	**izvaroja** [izvarɔja]
attaqué /attaquée/	**piekāva** [piɛka:va]

Est-ce que ça va?	**Vai jums viss kārtībā?** [vai jums vis ka:rti:ba:?]
Avez-vous vu qui c'était?	**Vai jūs redzējāt, kurš tas bija?** [vai ju:s redze:ja:t, kurʃ tas bija?]
Pourriez-vous reconnaître cette personne?	**Vai jūs varēsiet viņu atpazīt?** [vai ju:s vare:siɛt viɲu atpazi:t?]
Vous êtes sûr?	**Vai esat drošs /droša/?** [vai ɛsat drɔʃs /drɔʃa/?]

Calmez-vous, s'il vous plaît.	**Lūdzu, nomierinieties.** [lu:dzu, nɔmiɛriniɛtiɛs.]
Calmez-vous!	**Mierīgāk!** [miɛri:ga:k!]
Ne vous inquiétez pas.	**Neuztraucieties!** [nɛuztrautsiɛtiɛs!]
Tout ira bien.	**Viss būs labi.** [vis bu:s labi.]
Ça va. Tout va bien.	**Viss kārtībā.** [vis ka:rti:ba:.]

Venez ici, s'il vous plaît.

Nāciet šurp, lūdzu.
[naːtsiɛt ʃurp, luːdzu.]

J'ai des questions à vous poser.

Man jāuzdod jums daži jautājumi.
[man jaːuzdɔd jums daʒi jautaːjumi.]

Attendez un moment, s'il vous plaît.

Uzgaidiet, lūdzu.
[uzgaidiɛt, luːdzu.]

Avez-vous une carte d'identité?

Vai jums ir dokumenti?
[vai jums ir dɔkumenti?]

Merci. Vous pouvez partir maintenant.

Paldies. Jūs variet iet.
[paldiɛs. juːs variɛt iɛt.]

Les mains derrière la tête!

Rokas aiz galvas!
[rɔkas aiz galvas!]

Vous êtes arrêté!

Jūs esat arestēts /arestēta/!
[juːs ɛsat aresteːts /arestɛːta/!]

Problèmes de santé

Aidez-moi, s'il vous plaît.	**Lūdzu, palīdziet.** [lu:dzu, pali:dziɛt.]
Je ne me sens pas bien.	**Man ir slikti.** [man ir slikti.]
Mon mari ne se sent pas bien.	**Manam vīram ir slikti.** [manam vi:ram ir slikti.]
Mon fils ...	**Manam dēlam ...** [manam dɛ:lam ...]
Mon père ...	**Manam tēvam ...** [manam tɛ:vam ...]

Ma femme ne se sent pas bien.	**Manai sievai ir slikti.** [manai siɛvai ir slikti.]
Ma fille ...	**Manai meitai ...** [manai mɛitai ...]
Ma mère ...	**Manai mātei ...** [manai ma:tɛi ...]

J'ai mal ...	**Man sāp ...** [man sa:p ...]
à la tête	**galva** [galva]
à la gorge	**kakls** [kakls]
à l'estomac	**vēders** [vɛ:dɛrs]
aux dents	**zobs** [zɔbs]

J'ai le vertige.	**Man reibst galva.** [man rɛibst galva.]
Il a de la fièvre.	**Viņam ir drudzis.** [viɲam ir drudzis.]
Elle a de la fièvre.	**Viņai ir drudzis.** [viɲai ir drudzis.]
Je ne peux pas respirer.	**Es nevaru paelpot.** [es nɛvaru paelpɔt.]

J'ai du mal à respirer.	**Man trūkst elpas.** [man tru:kst elpas.]
Je suis asthmatique.	**Man ir astma.** [man ir astma.]
Je suis diabétique.	**Man ir diabēts.** [man ir diabe:ts.]

Je ne peux pas dormir.

Man ir bezmiegs.
[man ir bezmiɛgs.]

intoxication alimentaire

saindēšanās ar ēdienu
[sainde:ʃana:s ar e:diɛnu]

Ça fait mal ici.

Man sāp šeit.
[man sa:p ʃɛit.]

Aidez-moi!

Palīgā!
[pali:ga:!]

Je suis ici!

Es esmu šeit!
[es esmu ʃɛit!]

Nous sommes ici!

Mēs esam šeit!
[me:s ɛsam ʃɛit!]

Sortez-moi d'ici!

Daboniet mani arā no šejienes!
[dabɔniɛt mani ara: nɔ ʃejiɛnes!]

J'ai besoin d'un docteur.

Man vajag ārstu.
[man vajag a:rstu.]

Je ne peux pas bouger!

Es nevaru pakustēties.
[es nɛvaru pakuste:tiɛs.]

Je ne peux pas bouger mes jambes.

Es nevaru pakustināt kājas.
[es nɛvaru pakustina:t ka:jas.]

Je suis blessé /blessée/

Es esmu ievainots /ievainota/.
[es esmu iɛvainɔts /iɛvainɔta/.]

Est-ce que c'est sérieux?

Vai kas nopietns?
[vai kas nɔpiɛtns?]

Mes papiers sont dans ma poche.

Mani dokumenti ir kabatā.
[mani dɔkumenti ir kabata:.]

Calmez-vous!

Nomierinieties!
[nɔmiɛriniɛtiɛs!]

Puis-je utiliser votre téléphone?

Vai drīkstu piezvanīt?
[vai dri:kstu piɛzvani:t?]

Appelez une ambulance!

Izsauciet ātro palīdzību!
[izsautsiɛt a:trɔ pali:dzi:bu!]

C'est urgent!

Tas ir steidzami!
[tas ir stɛidzami!]

C'est une urgence!

Tas ir ļoti steidzami!
[tas ir ļɔti stɛidzami!]

Dépêchez-vous, s'il vous plaît!

Lūdzu, pasteidzieties!
[lu:dzu, pastɛidziɛtiɛs!]

Appelez le docteur, s'il vous plaît.

Lūdzu, izsauciet ārstu!
[lu:dzu, izsautsiɛt a:rstu!]

Où est l'hôpital?

Kur ir slimnīca?
[kur ir slimni:tsa?]

Comment vous sentez-vous?

Kā jūs jūtaties
[ka: ju:s ju:tatiɛs]

Est-ce que ça va?

Vai jums viss kārtībā?
[vai jums vis ka:rti:ba:?]

Qu'est-il arrivé?

Kas noticis?
[kas nɔtitsis?]

Je me sens mieux maintenant.

Es jūtos labāk.
[es juːtos labaːk.]

Ça va. Tout va bien.

Viss kārtībā.
[vis kaːrtiːbaː.]

Ça va.

Viss ir labi.
[vis ir labi.]

À la pharmacie

pharmacie	**aptieka** [aptiɛka]
pharmacie 24 heures	**diennakts aptieka** [diɛnnakts aptiɛka]
Où se trouve la pharmacie la plus proche?	**Kur ir tuvākā aptieka?** [kur ir tuva:ka: aptiɛka?]
Est-elle ouverte en ce moment?	**Vai tagad tā ir atvērta.** [vai tagad ta: ir atve:rta.]
À quelle heure ouvre-t-elle?	**Cikos tā būs atvērta?** [tsikɔs ta: bu:s atve:rta?]
à quelle heure ferme-t-elle?	**Līdz cikiem tā strādā?** [li:dz tsikiɛm ta: stra:da:?]
C'est loin?	**Vai tas ir tālu?** [vai tas ir ta:lu?]
Est-ce que je peux y aller à pied?	**Vai es aiziešu ar kājām?** [vai es aiziɛʃu ar ka:ja:m?]
Pouvez-vous me le montrer sur la carte?	**Lūdzu, parādiet to uz kartes?** [lu:dzu, para:diɛt tɔ uz kartes?]
Pouvez-vous me donner quelque chose contre ...	**Lūdzu, dodiet man kaut ko pret ...** [lu:dzu, dɔdiɛt man kɔ pret ...]
le mal de tête	**galvassāpēm** [galvasa:pe:m]
la toux	**klepu** [klɛpu]
le rhume	**saaukstēšanos** [saaukste:ʃanɔs]
la grippe	**gripu** [gripu]
la fièvre	**drudzi** [drudzi]
un mal d'estomac	**vēdersāpēm** [vɛ:dɛrsa:pe:m]
la nausée	**sliktu dūšu** [sliktu du:ʃu]
la diarrhée	**caureju** [tsaureju]
la constipation	**aizcietējumu** [aiztsiɛte:jumu]
un mal de dos	**muguras sāpēm** [muguras sa:pe:m]

les douleurs de poitrine	**sāpēm krūtīs** [sa:pe:m kru:ti:s]
les points de côté	**sāpēm sānos** [sa:pe:m sa:nɔs]
les douleurs abdominales	**vēdera sāpēm** [vɛ:dɛra sa:pe:m]

une pilule	**tablete** [tablɛte]
un onguent, une crème	**ziede, krēms** [ziɛde, kre:ms]
un sirop	**sīrups** [si:rups]
un spray	**aerosols** [aerɔsɔls]
les gouttes	**pilieni** [piliɛni]

Vous devez allez à l'hôpital.	**Jums jābrauc uz slimnīcu.** [jums ja:brauts uz slimni:tsu.]
assurance maladie	**veselības apdrošināšana** [vɛseli:bas apdrɔʃina:ʃana]
prescription	**recepte** [retsepte]
produit anti-insecte	**kukaiņu atbaidīšanas līdzeklis** [kukaiņu atbaidi:ʃanas li:dzeklis]
bandages adhésifs	**plāksteris** [pla:ksteris]

Les essentiels

Excusez-moi, ...	**Atvainojiet, ...** [atvainɔjiɛt, ...]
Bonjour	**Sveicināti.** [svɛitsina:ti.]
Merci	**Paldies.** [paldiɛs.]
Au revoir	**Uz redzēšanos.** [uz redze:ʃanɔs.]
Oui	**Jā.** [ja:.]
Non	**Nē.** [ne:.]
Je ne sais pas.	**Es nezinu.** [es nezinu.]
Où? | Où? | Quand?	**Kur? | Uz kurieni? | Kad?** [kur? | uz kuriɛni? | kad?]

J'ai besoin de ...	**Man vajag ...** [man vajag ...]
Je veux ...	**Es gribu ...** [es gribu ...]
Avez-vous ... ?	**Vai jums ir ...?** [vai jums ir ...?]
Est-ce qu'il y a ... ici?	**Vai šeit ir ...?** [vai ʃɛit ir ...?]
Puis-je ... ?	**Vai drīkstu ...?** [vai dri:kstu ...?]
s'il vous plaît (pour une demande)	**Lūdzu, ...** [lu:dzu, ...]

Je cherche ...	**Es meklēju ...** [es mekle:ju ...]
les toilettes	**tualeti** [tualeti]
un distributeur	**bankomātu** [bankɔma:tu]
une pharmacie	**aptieku** [aptiɛku]
l'hôpital	**slimnīcu** [slimni:tsu]
le commissariat de police	**policijas iecirkni** [pɔlitsi:jas iɛtsirkni]
une station de métro	**metro** [metrɔ]

un taxi	**taksometru** [taksɔmetru]
la gare	**dzelzceļa staciju** [dzelztsɛlʲa statsiju]

Je m'appelle ...	**Mani sauc ...** [mani sauts ...]
Comment vous appelez-vous?	**Kā jūs sauc?** [ka: ju:s sauts?]
Aidez-moi, s'il vous plaît.	**Lūdzu, palīdziet.** [lu:dzu, pali:dziɛt.]
J'ai un problème.	**Man ir problēma.** [man ir prɔblɛ:ma.]
Je ne me sens pas bien.	**Man ir slikti.** [man ir slikti.]
Appelez une ambulance!	**Izsauciet ātro palīdzību!** [izsautsiɛt a:trɔ pali:dzi:bu!]
Puis-je faire un appel?	**Vai drīkstu piezvanīt?** [vai dri:kstu piɛzvani:t?]

Excusez-moi.	**Atvainojos.** [atvainɔjɔs.]
Je vous en prie.	**Lūdzu.** [lu:dzu.]

je, moi	**es** [es]
tu, toi	**tu** [tu]
il	**viņš** [viɲʃ]
elle	**viņa** [viɲa]
ils	**viņi** [viɲi]
elles	**viņas** [viɲas]
nous	**mēs** [me:s]
vous	**jūs** [ju:s]
Vous	**Jūs** [ju:s]

ENTRÉE	**IEEJA** [iɛeja]
SORTIE	**IZEJA** [izeja]
HORS SERVICE | EN PANNE	**NESTRĀDĀ** [nestra:da:]
FERMÉ	**SLĒGTS** [sle:gts]

OUVERT

ATVĒRTS
[atve:rts]

POUR LES FEMMES

SIEVIETĒM
[siɛviɛte:m]

POUR LES HOMMES

VĪRIEŠIEM
[vi:riɛʃiɛm]

T&P BOOKS

VOCABULAIRE THÉMATIQUE

Cette section contient plus de 3000 des mots les plus importants. Le dictionnaire sera d'une aide indispensable lors de voyages à l'étranger puisque les mots individuels sont souvent assez pour être compris. Le dictionnaire comprend une transcription utile de chaque mot

T&P Books Publishing

CONTENU DU DICTIONNAIRE

Concepts de base	75
Nombres. Divers	83
Les couleurs. Les unités de mesure	87
Les verbes les plus importants	91
La notion de temps. Le calendrier	97
Les voyages. L'hôtel	103
Les transports	107
La ville	113
Les vêtements & les accessoires	121
L'expérience quotidienne	129
Les repas. Le restaurant	137
Les données personnelles. La famille	147
Le corps humain. Les médicaments	151
L'appartement	159
La Terre. Le temps	165
La faune	177
La flore	185
Les pays du monde	191

T&P Books Publishing

CONCEPTS DE BASE

1. Les pronoms
2. Adresser des vœux.
   Se dire bonjour
3. Les questions
4. Les prépositions
5. Les mots-outils. Les adverbes.
   Partie 1
6. Les mots-outils. Les adverbes.
   Partie 2

T&P Books Publishing

1. Les pronoms

je	**es**	[es]
tu	**tu**	[tu]
il	**viņš**	[viɲʃ]
elle	**viņa**	[viɲa]
ça	**tas**	[tas]
nous	**mēs**	[me:s]
vous	**jūs**	[ju:s]
ils, elles	**viņi**	[viɲi]

2. Adresser des vœux. Se dire bonjour

Bonjour! (fam.)	**Sveiki!**	[svɛiki!]
Bonjour! (form.)	**Esiet sveicināts!**	[ɛsiɛt svɛitsina:ts!]
Bonjour! (le matin)	**Labrīt!**	[labri:t!]
Bonjour! (après-midi)	**Labdien!**	[labdiɛn!]
Bonsoir!	**Labvakar!**	[labvakar!]
dire bonjour	**sveicināt**	[svɛitsina:t]
Salut!	**Čau!**	[tʃau!]
salut (m)	**sveiciens** (v)	[svɛitsiɛns]
saluer (vt)	**pasveicināt**	[pasvɛitsina:t]
Comment ça va?	**Kā iet?**	[ka: iɛt?]
Quoi de neuf?	**Kas jauns?**	[kas jauns?]
Au revoir! (form.)	**Uz redzēšanos!**	[uz redze:ʃanɔs!]
Au revoir! (fam.)	**Atā!**	[ata:!]
À bientôt!	**Uz tikšanos!**	[uz tikʃanɔs!]
Adieu!	**Ardievu!**	[ardiɛvu!]
dire au revoir	**atvadīties**	[atvadi:tiɛs]
Salut! (À bientôt!)	**Nu tad pagaidām!**	[nu tad pagaida:m!]
Merci!	**Paldies!**	[paldiɛs!]
Merci beaucoup!	**Liels paldies!**	[liɛls paldiɛs!]
Je vous en prie	**Lūdzu**	[lu:dzu]
Il n'y a pas de quoi	**Nav par ko**	[nav par kɔ]
Pas de quoi	**Nav par ko**	[nav par kɔ]
Excuse-moi!	**Atvaino!**	[atvainɔ!]
Excusez-moi!	**Atvainojiet!**	[atvainɔjiɛt!]
excuser (vt)	**piedot**	[piɛdɔt]

s'excuser (vp)	**atvainoties**	[atvainɔtiɛs]
Mes excuses	**Es atvainojos**	[es atvainɔjɔs]
Pardonnez-moi!	**Piedodiet!**	[piɛdɔdiɛt!]
pardonner (vt)	**piedot**	[piɛdɔt]
C'est pas grave	**Tas nekas**	[tas nɛkas]
s'il vous plaît	**lūdzu**	[lu:dzu]

N'oubliez pas!	**Neaizmirstiet!**	[neaizmirstiɛt!]
Bien sûr!	**Protams!**	[prɔtams!]
Bien sûr que non!	**Protams, ka nē!**	[prɔtams, ka ne:!]
D'accord!	**Piekrītu!**	[piɛkri:tu!]
Ça suffit!	**Pietiek!**	[piɛtiɛk!]

3. Les questions

Qui?	**Kas?**	[kas?]
Quoi?	**Kas?**	[kas?]
Où? (~ es-tu?)	**Kur?**	[kur?]
Où? (~ vas-tu?)	**Uz kurieni?**	[uz kuriɛni?]
D'où?	**No kurienes?**	[nɔ kuriɛnes?]
Quand?	**Kad?**	[kad?]
Pourquoi? (~ es-tu venu?)	**Kādēļ?**	[ka:de:l'?]
Pourquoi? (~ t'es pâle?)	**Kāpēc?**	[ka:pe:ts?]

À quoi bon?	**Kam?**	[kam?]
Comment?	**Kā?**	[ka:?]
Quel? (à ~ prix?)	**Kāds?**	[ka:ds?]
Lequel?	**Kurš?**	[kurʃ?]

À qui? (pour qui?)	**Kam?**	[kam?]
De qui?	**Par kuru?**	[par kuru?]
De quoi?	**Par ko?**	[par kɔ?]
Avec qui?	**Ar ko?**	[ar kɔ?]

Combien? (dénombr.)	**Cik daudz?**	[tsik daudz?]
Combien? (indénombr.)	**Cik?**	[tsik?]
À qui?	**Kura? Kuras? Kuru?**	[kura?], [kuras?], [kuru?]

4. Les prépositions

avec (~ toi)	**ar**	[ar]
sans (~ sucre)	**bez**	[bez]
à (aller ~ ...)	**uz**	[uz]
de (au sujet de)	**par**	[par]
avant (~ midi)	**pirms**	[pirms]
devant (~ la maison)	**priekšā**	[priɛkʃa:]
sous (~ la commode)	**zem**	[zem]
au-dessus de ...	**virs**	[virs]

sur (dessus)	**uz**	[uz]
de (venir ~ Paris)	**no**	[nɔ]
en (en bois, etc.)	**no**	[nɔ]
dans (~ deux heures)	**pēc**	[pe:ts]
par dessus	**caur**	[tsaur]

5. Les mots-outils. Les adverbes. Partie 1

Où? (~ es-tu?)	**Kur?**	[kur?]
ici (c'est ~)	**šeit**	[ʃɛit]
là-bas (c'est ~)	**tur**	[tur]
quelque part (être)	**kaut kur**	[kaut kur]
nulle part (adv)	**nekur**	[nɛkur]
près de ...	**pie ...**	[piɛ ...]
près de la fenêtre	**pie loga**	[piɛ lɔga]
Où? (~ vas-tu?)	**Uz kurieni?**	[uz kuriɛni?]
ici (Venez ~)	**šurp**	[ʃurp]
là-bas (j'irai ~)	**turp**	[turp]
d'ici (adv)	**no šejienes**	[nɔ ʃejiɛnes]
de là-bas (adv)	**no turienes**	[nɔ turiɛnes]
près (pas loin)	**tuvu**	[tuvu]
loin (adv)	**tālu**	[ta:lu]
près de (~ Paris)	**pie**	[piɛ]
tout près (adv)	**blakus**	[blakus]
pas loin (adv)	**netālu**	[nɛta:lu]
gauche (adj)	**kreisais**	[krɛisais]
à gauche (être ~)	**pa kreisi**	[pa krɛisi]
à gauche (tournez ~)	**pa kreisi**	[pa krɛisi]
droit (adj)	**labais**	[labais]
à droite (être ~)	**pa labi**	[pa labi]
à droite (tournez ~)	**pa labi**	[pa labi]
devant (adv)	**priekšā**	[priɛkʃa:]
de devant (adj)	**priekšējs**	[priɛkʃe:js]
en avant (adv)	**uz priekšu**	[uz priɛkʃu]
derrière (adv)	**mugurpusē**	[mugurpuse:]
par derrière (adv)	**no mugurpuses**	[nɔ mugurpuses]
en arrière (regarder ~)	**atpakaļ**	[atpakalʲ]
milieu (m)	**vidus** (v)	[vidus]
au milieu (adv)	**vidū**	[vidu:]

de côté (vue ~)	sānis	[sa:nis]
partout (adv)	visur	[visur]
autour (adv)	apkārt	[apka:rt]

de l'intérieur	no iekšpuses	[nɔ iɛkʃpuses]
quelque part (aller)	kaut kur	[kaut kur]
tout droit (adv)	taisni	[taisni]
en arrière (revenir ~)	atpakaļ	[atpakalʲ]

| de quelque part (n'import d'où) | no kaut kurienes | [nɔ kaut kuriɛnes] |
| de quelque part (on ne sait pas d'où) | nez no kurienes | [nez nɔ kuriɛnes] |

premièrement (adv)	pirmkārt	[pirmka:rt]
deuxièmement (adv)	otrkārt	[ɔtrka:rt]
troisièmement (adv)	treškārt	[treʃka:rt]

soudain (adv)	pēkšņi	[pe:kʃɲi]
au début (adv)	sākumā	[sa:kuma:]
pour la première fois	pirmo reizi	[pirmɔ rɛizi]
bien avant …	ilgu laiku pirms …	[ilgu laiku pirms …]
de nouveau (adv)	no jauna	[nɔ jauna]
pour toujours (adv)	uz visiem laikiem	[uz visiɛm laikiɛm]

jamais (adv)	nekad	[nɛkad]
de nouveau, encore (adv)	atkal	[atkal]
maintenant (adv)	tagad	[tagad]
souvent (adv)	bieži	[biɛʒi]
alors (adv)	tad	[tad]
d'urgence (adv)	steidzami	[stɛidzami]
d'habitude (adv)	parasti	[parasti]

à propos, …	starp citu …	[starp tsitu …]
c'est possible	iespējams	[iɛspe:jams]
probablement (adv)	ticams	[titsams]
peut-être (adv)	varbūt	[varbu:t]
en plus, …	turklāt, …	[turkla:t, …]
c'est pourquoi …	tādēļ …	[ta:de:lʲ …]
malgré …	neskatoties uz …	[neskatɔties uz …]
grâce à …	pateicoties …	[patɛitsɔties …]

quoi (pron)	kas	[kas]
que (conj)	kas	[kas]
quelque chose (Il m'est arrivé ~)	kaut kas	[kaut kas]
quelque chose (peut-on faire ~)	kaut kas	[kaut kas]
rien (m)	nekas	[nɛkas]
qui (pron)	kas	[kas]
quelqu'un (on ne sait pas qui)	kāds	[ka:ds]

quelqu'un (n'importe qui)	kāds	[ka:ds]
personne (pron)	neviens	[nєviєns]
nulle part (aller ~)	nekur	[nєkur]
de personne	neviena	[nєviєna]
de n'importe qui	kāda	[ka:da]

comme ça (adv)	tā	[ta:]
également (adv)	tāpat	[ta:pat]
aussi (adv)	arī	[ari:]

6. Les mots-outils. Les adverbes. Partie 2

Pourquoi?	Kāpēc?	[ka:pe:ts?]
pour une certaine raison	nez kāpēc	[nez ka:pe:ts]
parce que ...	tāpēc ka ...	[ta:pe:ts ka ...]
pour une raison quelconque	nez kādēļ	[nez ka:de:lʲ]

et (conj)	un	[un]
ou (conj)	vai	[vai]
mais (conj)	bet	[bet]
pour ... (prep)	priekš	[priєkʃ]

trop (adv)	pārāk	[pa:ra:k]
seulement (adv)	tikai	[tikai]
précisément (adv)	tieši	[tiєʃi]
près de ... (prep)	apmēram	[apmє:ram]

approximativement	aptuveni	[aptuveni]
approximatif (adj)	aptuvens	[aptuvens]
presque (adv)	gandrīz	[gandri:z]
reste (m)	pārējais	[pa:re:jais]

l'autre (adj)	cits	[tsits]
autre (adj)	cits	[tsits]
chaque (adj)	katrs	[katrs]
n'importe quel (adj)	jebkurš	[jebkurʃ]
beaucoup (adv)	daudz	[daudz]
plusieurs (pron)	daudzi	[daudzi]
tous	visi	[visi]

en échange de ...	apmaiņā pret ...	[apmaiɲa: pret ...]
en échange (adv)	pretī	[preti:]
à la main (adv)	ar rokām	[ar rɔka:m]
peu probable (adj)	diez vai	[diєz vai]

probablement (adv)	laikam	[laikam]
exprès (adv)	tīšām	[ti:ʃa:m]
par accident (adv)	nejauši	[nejauʃi]
très (adv)	ļoti	[lʲɔti]

par exemple (adv)	**piemēram**	[piɛmɛ:ram]
entre (prep)	**starp**	[starp]
parmi (prep)	**vidū**	[vidu:]
autant (adv)	**tik daudz**	[tik daudz]
surtout (adv)	**īpaši**	[i:paʃi]

T&P BOOKS

NOMBRES. DIVERS

7. Les nombres cardinaux. Partie 1
8. Les nombres cardinaux. Partie 2
9. Les nombres ordinaux

T&P Books Publishing

zéro	**nulle**	[nulle]
un	**viens**	[viɛns]
deux	**divi**	[divi]
trois	**trīs**	[tri:s]
quatre	**četri**	[tʃetri]

cinq	**pieci**	[piɛtsi]
six	**seši**	[seʃi]
sept	**septiņi**	[septiɲi]
huit	**astoņi**	[astɔɲi]
neuf	**deviņi**	[deviɲi]

dix	**desmit**	[desmit]
onze	**vienpadsmit**	[viɛnpadsmit]
douze	**divpadsmit**	[divpadsmit]
treize	**trīspadsmit**	[tri:spadsmit]
quatorze	**četrpadsmit**	[tʃetrpadsmit]

quinze	**piecpadsmit**	[piɛtspadsmit]
seize	**sešpadsmit**	[seʃpadsmit]
dix-sept	**septiņpadsmit**	[septiɲpadsmit]
dix-huit	**astoņpadsmit**	[astɔɲpadsmit]
dix-neuf	**deviņpadsmit**	[deviɲpadsmit]

vingt	**divdesmit**	[divdesmit]
vingt et un	**divdesmit viens**	[divdesmit viɛns]
vingt-deux	**divdesmit divi**	[divdesmit divi]
vingt-trois	**divdesmit trīs**	[divdesmit tri:s]

trente	**trīsdesmit**	[tri:sdesmit]
trente et un	**trīsdesmit viens**	[tri:sdesmit viɛns]
trente-deux	**trīsdesmit divi**	[tri:sdesmit divi]
trente-trois	**trīsdesmit trīs**	[tri:sdesmit tri:s]

quarante	**četrdesmit**	[tʃetrdesmit]
quarante et un	**četrdesmit viens**	[tʃetrdesmit viɛns]
quarante-deux	**četrdesmit divi**	[tʃetrdesmit divi]
quarante-trois	**četrdesmit trīs**	[tʃetrdesmit tri:s]

cinquante	**piecdesmit**	[piɛtsdesmit]
cinquante et un	**piecdesmit viens**	[piɛtsdesmit viɛns]
cinquante-deux	**piecdesmit divi**	[piɛtsdesmit divi]
cinquante-trois	**piecdesmit trīs**	[piɛtsdesmit tri:s]
soixante	**sešdesmit**	[seʃdesmit]

soixante et un	sešdesmit viens	[seʃdesmit viɛns]
soixante-deux	sešdesmit divi	[seʃdesmit divi]
soixante-trois	sešdesmit trīs	[seʃdesmit tri:s]
soixante-dix	septiņdesmit	[septiɲdesmit]
soixante et onze	septiņdesmit viens	[septiɲdesmit viɛns]
soixante-douze	septiņdesmit divi	[septiɲdesmit divi]
soixante-treize	septiņdesmit trīs	[septiɲdesmit tri:s]
quatre-vingts	astoņdesmit	[astɔɲdesmit]
quatre-vingt et un	astoņdesmit viens	[astɔɲdesmit viɛns]
quatre-vingt deux	astoņdesmit divi	[astɔɲdesmit divi]
quatre-vingt trois	astoņdesmit trīs	[astɔɲdesmit tri:s]
quatre-vingt-dix	deviņdesmit	[deviɲdesmit]
quatre-vingt et onze	deviņdesmit viens	[deviɲdesmit viɛns]
quatre-vingt-douze	deviņdesmit divi	[deviɲdesmit divi]
quatre-vingt-treize	deviņdesmit trīs	[deviɲdesmit tri:s]

8. Les nombres cardinaux. Partie 2

cent	simts	[simts]
deux cents	divsimt	[divsimt]
trois cents	trīssimt	[tri:simt]
quatre cents	četrsimt	[tʃetrsimt]
cinq cents	piecsimt	[piɛtsimt]
six cents	sešsimt	[seʃsimt]
sept cents	septiņsimt	[septiɲsimt]
huit cents	astoņsimt	[astɔɲsimt]
neuf cents	deviņsimt	[deviɲsimt]
mille	tūkstotis	[tu:kstɔtis]
deux mille	divi tūkstoši	[divi tu:kstɔʃi]
trois mille	trīs tūkstoši	[tri:s tu:kstɔʃi]
dix mille	desmit tūkstoši	[desmit tu:kstɔʃi]
cent mille	simt tūkstoši	[simt tu:kstɔʃi]
million (m)	miljons (v)	[miljɔns]
milliard (m)	miljards (v)	[miljards]

9. Les nombres ordinaux

premier (adj)	pirmais	[pirmais]
deuxième (adj)	otrais	[ɔtrais]
troisième (adj)	trešais	[treʃais]
quatrième (adj)	ceturtais	[tsɛturtais]
cinquième (adj)	piektais	[piɛktais]
sixième (adj)	sestais	[sestais]

septième (adj)	**septītais**	[septi:tais]
huitième (adj)	**astotais**	[astɔtais]
neuvième (adj)	**devītais**	[devi:tais]
dixième (adj)	**desmitais**	[desmitais]

T&P BOOKS

LES COULEURS.
LES UNITÉS DE MESURE

10. Les couleurs
11. Les unités de mesure
12. Les récipients

T&P Books Publishing

10. Les couleurs

couleur (f)	**krāsa** (s)	[kra:sa]
teinte (f)	**nokrāsa** (s)	[nɔkra:sa]
ton (m)	**tonis** (v)	[tɔnis]
arc-en-ciel (m)	**varavīksne** (s)	[varavi:ksne]

blanc (adj)	**balts**	[balts]
noir (adj)	**melns**	[melns]
gris (adj)	**pelēks**	[pɛle:ks]

vert (adj)	**zaļš**	[zalʲʃ]
jaune (adj)	**dzeltens**	[dzeltens]
rouge (adj)	**sarkans**	[sarkans]
bleu (adj)	**zils**	[zils]
bleu clair (adj)	**gaiši zils**	[gaiʃi zils]
rose (adj)	**rozā**	[rɔza:]
orange (adj)	**oranžs**	[ɔranʒs]
violet (adj)	**violets**	[viɔlets]
brun (adj)	**brūns**	[bru:ns]

d'or (adj)	**zelta**	[zelta]
argenté (adj)	**sudrabains**	[sudrabains]
beige (adj)	**bēšs**	[be:ʃs]
crème (adj)	**krēmkrāsas**	[kre:mkra:sas]
turquoise (adj)	**zilganzaļš**	[zilganzalʲʃ]
rouge cerise (adj)	**ķiršu brīns**	[tʲirʃu bri:ns]
lilas (adj)	**lillā**	[lilla:]
framboise (adj)	**aveņkrāsas**	[aveŋkra:sas]

clair (adj)	**gaišs**	[gaiʃs]
foncé (adj)	**tumšs**	[tumʃs]
vif (adj)	**spilgts**	[spilgts]

de couleur (adj)	**krāsains**	[kra:sains]
en couleurs (adj)	**krāsains**	[kra:sains]
noir et blanc (adj)	**melnbalts**	[melnbalts]
unicolore (adj)	**vienkrāsains**	[viɛnkra:sains]
multicolore (adj)	**daudzkrāsains**	[daudzkra:sains]

11. Les unités de mesure

poids (m)	**svars** (v)	[svars]
longueur (f)	**garums** (v)	[garums]

largeur (f)	platums (v)	[platums]
hauteur (f)	augstums (v)	[augstums]
profondeur (f)	dziļums (v)	[dziļums]
volume (m)	apjoms (v)	[apjɔms]
aire (f)	laukums (v)	[laukums]

gramme (m)	grams (v)	[grams]
milligramme (m)	miligrams (v)	[miligrams]
kilogramme (m)	kilograms (v)	[kilɔgrams]
tonne (f)	tonna (s)	[tɔnna]
livre (f)	mārciņa (s)	[ma:rtsiɲa]
once (f)	unce (s)	[untse]

mètre (m)	metrs (v)	[metrs]
millimètre (m)	milimetrs (v)	[milimetrs]
centimètre (m)	centimetrs (v)	[tsentimetrs]
kilomètre (m)	kilometrs (v)	[kilɔmetrs]
mille (m)	jūdze (s)	[ju:dze]

pouce (m)	colla (s)	[tsɔlla]
pied (m)	pēda (s)	[pɛ:da]
yard (m)	jards (v)	[jards]

mètre (m) carré	kvadrātmetrs (v)	[kvadra:tmetrs]
hectare (m)	hektārs (v)	[xekta:rs]
litre (m)	litrs (v)	[litrs]
degré (m)	grāds (v)	[gra:ds]
volt (m)	volts (v)	[vɔlts]
ampère (m)	ampērs (v)	[ampɛ:rs]
cheval-vapeur (m)	zirgspēks (v)	[zirgspe:ks]

quantité (f)	daudzums (v)	[daudzums]
un peu de ...	nedaudz ...	[nɛdaudz ...]
moitié (f)	puse (s)	[puse]
douzaine (f)	ducis (v)	[dutsis]
pièce (f)	gabals (v)	[gabals]

| dimension (f) | izmērs (v) | [izmɛ:rs] |
| échelle (f) (de la carte) | mērogs (v) | [me:rɔgs] |

minimal (adj)	minimāls	[minima:ls]
le plus petit (adj)	vismazākais	[vismaza:kais]
moyen (adj)	vidējs	[vide:js]
maximal (adj)	maksimāls	[maksima:ls]
le plus grand (adj)	vislielākais	[vislielɛla:kais]

12. Les récipients

| bocal (m) en verre | burka (s) | [burka] |
| boîte, canette (f) | bundža (s) | [bundʒa] |

seau (m)	**spainis** (v)	[spainis]
tonneau (m)	**muca** (s)	[mutsa]
bassine, cuvette (f)	**bļoda** (s)	[blʲɔda]
cuve (f)	**tvertne** (s)	[tvertne]
flasque (f)	**blašķe** (s)	[blaʃtʲe]
jerrican (m)	**kanna** (s)	[kanna]
citerne (f)	**cisterna** (s)	[tsisterna]
tasse (f), mug (m)	**krūze** (s)	[kruːze]
tasse (f)	**tase** (s)	[tase]
soucoupe (f)	**apakštase** (s)	[apakʃtase]
verre (m) (~ d'eau)	**glāze** (s)	[glaːze]
verre (m) à vin	**pokāls** (v)	[pɔkaːls]
faitout (m)	**kastrolis** (v)	[kastrɔlis]
bouteille (f)	**pudele** (s)	[pudɛle]
goulot (m)	**kakliņš** (v)	[kakliɲʃ]
carafe (f)	**karafe** (s)	[karafe]
pichet (m)	**krūka** (s)	[kruːka]
récipient (m)	**trauks** (v)	[trauks]
pot (m)	**pods** (v)	[pɔds]
vase (m)	**vāze** (s)	[vaːze]
flacon (m)	**flakons** (v)	[flakɔns]
fiole (f)	**pudelīte** (s)	[pudeliːte]
tube (m)	**tūbiņa** (s)	[tuːbiɲa]
sac (m) (grand ~)	**maiss** (v)	[mais]
sac (m) (~ en plastique)	**maisiņš** (v)	[maisiɲʃ]
paquet (m) (~ de cigarettes)	**paciņa** (s)	[patsiɲa]
boîte (f)	**kārba** (s)	[kaːrba]
caisse (f)	**kastīte** (s)	[kastiːte]
panier (m)	**grozs** (v)	[grɔzs]

T&P BOOKS

LES VERBES
LES PLUS IMPORTANTS

13. Les verbes les plus importants.
    Partie 1
14. Les verbes les plus importants.
    Partie 2
15. Les verbes les plus importants.
    Partie 3
16. Les verbes les plus importants.
    Partie 4

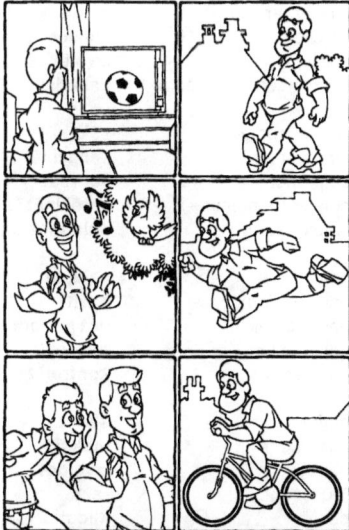

T&P Books Publishing

aider (vt)	palīdzēt	[pali:dze:t]
aimer (qn)	mīlēt	[mi:le:t]
aller (à pied)	iet	[iɛt]
apercevoir (vt)	pamanīt	[pamani:t]
appartenir à ...	piederēt	[piɛdɛre:t]
appeler (au secours)	saukt	[saukt]
attendre (vt)	gaidīt	[gaidi:t]
attraper (vt)	ķert	[tʲert]
avertir (vt)	brīdināt	[bri:dina:t]
avoir (vt)	būt	[bu:t]
avoir confiance	uzticēt	[uztitse:t]
avoir faim	gribēt ēst	[gribe:t e:st]
avoir peur	baidīties	[baidi:tiɛs]
avoir soif	gribēt dzert	[gribe:t dzert]
cacher (vt)	slēpt	[sle:pt]
casser (briser)	lauzt	[lauzt]
cesser (vt)	pārtraukt	[pa:rtraukt]
changer (vt)	mainīt	[maini:t]
chasser (animaux)	medīt	[medi:t]
chercher (vt)	meklēt ...	[mekle:t ...]
choisir (vt)	izvēlēties	[izvɛ:le:tiɛs]
commander (~ le menu)	pasūtīt	[pasu:ti:t]
commencer (vt)	sākt	[sa:kt]
comparer (vt)	salīdzināt	[sali:dzina:t]
comprendre (vt)	saprast	[saprast]
compter (dénombrer)	sarēķināt	[sare:tʲina:t]
compter sur ...	paļauties uz ...	[palʲauties uz ...]
confondre (vt)	sajaukt	[sajaukt]
connaître (qn)	pazīt	[pɑzi:t]
conseiller (vt)	dot padomu	[dɔt padɔmu]
continuer (vt)	turpināt	[turpina:t]
contrôler (vt)	kontrolēt	[kɔntrɔle:t]
courir (vi)	skriet	[skriɛt]
coûter (vt)	maksāt	[maksa:t]
créer (vt)	izveidot	[izvɛidɔt]
creuser (vt)	rakt	[rakt]
crier (vi)	kliegt	[kliɛgt]

14. Les verbes les plus importants. Partie 2

décorer (~ la maison)	**izrotāt**	[izrɔta:t]
défendre (vt)	**aizstāvēt**	[aizsta:ve:t]
déjeuner (vi)	**pusdienot**	[pusdiɛnɔt]
demander (~ l'heure)	**jautāt**	[jauta:t]
demander (de faire qch)	**lūgt**	[lu:gt]
descendre (vi)	**nokāpt**	[nɔka:pt]
deviner (vt)	**uzminēt**	[uzmine:t]
dîner (vi)	**vakariŋot**	[vakariŋɔt]
dire (vt)	**teikt**	[tɛikt]
diriger (~ une usine)	**vadīt**	[vadi:t]
discuter (vt)	**apspriest**	[apspriɛst]
donner (vt)	**dot**	[dɔt]
donner un indice	**dot mājienu**	[dɔt ma:jiɛnu]
douter (vt)	**šaubīties**	[ʃaubi:tiɛs]
écrire (vt)	**rakstīt**	[raksti:t]
entendre (bruit, etc.)	**dzirdēt**	[dzirde:t]
entrer (vi)	**ieiet**	[iɛiɛt]
envoyer (vt)	**sūtīt**	[su:ti:t]
espérer (vi)	**cerēt**	[tsɛre:t]
essayer (vt)	**mēģināt**	[me:dʲina:t]
être (vi)	**būt**	[bu:t]
être d'accord	**piekrist**	[piɛkrist]
être nécessaire	**būt vajadzīgam**	[bu:t vajadzi:gam]
être pressé	**steigties**	[stɛigtiɛs]
étudier (vt)	**pētīt**	[pe:ti:t]
excuser (vt)	**piedot**	[piɛdɔt]
exiger (vt)	**prasīt**	[prasi:t]
exister (vi)	**eksistēt**	[eksiste:t]
expliquer (vt)	**paskaidrot**	[paskaidrɔt]
faire (vt)	**darīt**	[dari:t]
faire tomber	**nomest**	[nɔmest]
finir (vt)	**beigt**	[bɛigt]
garder (conserver)	**uzglabāt**	[uzglaba:t]
gronder, réprimander (vt)	**lamāt**	[lama:t]
informer (vt)	**informēt**	[infɔrme:t]
insister (vi)	**uzstāt**	[uzsta:t]
insulter (vt)	**aizvainot**	[aizvainɔt]
inviter (vt)	**ielūgt**	[iɛlu:gt]
jouer (s'amuser)	**spēlēt**	[spɛ:le:t]

15. Les verbes les plus importants. Partie 3

libérer (ville, etc.)	**atbrīvot**	[atbri:vɔt]
lire (vi, vt)	**lasīt**	[lasi:t]
louer (prendre en location)	**īrēt**	[i:re:t]
manquer (l'école)	**kavēt**	[kave:t]
menacer (vt)	**draudēt**	[draude:t]
mentionner (vt)	**pieminēt**	[piɛmine:t]
montrer (vt)	**parādīt**	[para:di:t]
nager (vi)	**peldēt**	[pelde:t]
objecter (vt)	**iebilst**	[iɛbilst]
observer (vt)	**novērot**	[nɔve:rɔt]
ordonner (mil.)	**pavēlēt**	[pavɛ:le:t]
oublier (vt)	**aizmirst**	[aizmirst]
ouvrir (vt)	**atvērt**	[atve:rt]
pardonner (vt)	**piedot**	[piɛdɔt]
parler (vi, vt)	**runāt**	[runa:t]
participer à ...	**piedalīties**	[piɛdali:tiɛs]
payer (régler)	**maksāt**	[maksa:t]
penser (vi, vt)	**domāt**	[dɔma:t]
permettre (vt)	**atļaut**	[atlʲaut]
plaire (être apprécié)	**patikt**	[patikt]
plaisanter (vi)	**jokot**	[jɔkɔt]
planifier (vt)	**plānot**	[pla:nɔt]
pleurer (vi)	**raudāt**	[rauda:t]
posséder (vt)	**pārvaldīt**	[pa:rvaldi:t]
pouvoir (v aux)	**spēt**	[spe:t]
préférer (vt)	**dot priekšroku**	[dɔt priɛkʃrɔku]
prendre (vt)	**ņemt**	[ɲemt]
prendre en note	**pierakstīt**	[piɛraksti:t]
prendre le petit déjeuner	**brokastot**	[brɔkastɔt]
préparer (le dîner)	**gatavot**	[gatavɔt]
prévoir (vt)	**paredzēt**	[paredze:t]
prier (~ Dieu)	**lūgties**	[lu:gtiɛs]
promettre (vt)	**solīt**	[sɔli:t]
prononcer (vt)	**izrunāt**	[izruna:t]
proposer (vt)	**piedāvāt**	[piɛda:va:t]
punir (vt)	**sodīt**	[sɔdi:t]

16. Les verbes les plus importants. Partie 4

recommander (vt)	**ieteikt**	[iɛtɛikt]
regretter (vt)	**nožēlot**	[nɔʒe:lɔt]

répéter (dire encore)	atkārtot	[atka:rtɔt]
répondre (vi, vt)	atbildēt	[atbilde:t]
réserver (une chambre)	rezervēt	[rɛzerve:t]

rester silencieux	klusēt	[kluse:t]
réunir (regrouper)	apvienot	[apviɛnɔt]
rire (vi)	smieties	[smiɛtiɛs]
s'arrêter (vp)	apstāties	[apsta:tiɛs]
s'asseoir (vp)	sēsties	[se:stiɛs]

sauver (la vie à qn)	glābt	[gla:bt]
savoir (qch)	zināt	[zina:t]
se baigner (vp)	peldēties	[pelde:tiɛs]
se plaindre (vp)	sūdzēties	[su:dze:tiɛs]
se refuser (vp)	atteikties	[attɛiktiɛs]

se tromper (vp)	kļūdīties	[klʲu:di:tiɛs]
se vanter (vp)	lielīties	[liɛli:tiɛs]
s'étonner (vp)	brīnīties	[bri:ni:tiɛs]
s'excuser (vp)	atvainoties	[atvainɔtiɛs]
signer (vt)	parakstīt	[paraksti:t]

signifier (vt)	nozīmēt	[nɔzi:me:t]
s'intéresser (vp)	interesēties	[intɛrɛse:tiɛs]
sortir (aller dehors)	iziet	[iziɛt]
sourire (vi)	smaidīt	[smaidi:t]
sous-estimer (vt)	par zemu vērtēt	[par zɛmu ve:rte:t]

suivre ... (suivez-moi)	sekot ...	[sekɔt ...]
tirer (vi)	šaut	[ʃaut]
tomber (vi)	krist	[krist]
toucher (avec les mains)	pieskarties	[piɛskartiɛs]
tourner (~ à gauche)	pagriezties	[pagriɛztiɛs]

traduire (vt)	tulkot	[tulkɔt]
travailler (vi)	strādāt	[stra:da:t]
tromper (vt)	krāpt	[kra:pt]
trouver (vt)	atrast	[atrast]
tuer (vt)	nogalināt	[nɔgalina:t]
vendre (vt)	pārdot	[pa:rdɔt]

venir (vi)	atbraukt	[atbraukt]
voir (vt)	redzēt	[redze:t]
voler (avion, oiseau)	lidot	[lidɔt]
voler (qch à qn)	zagt	[zagt]
vouloir (vt)	gribēt	[gribe:t]

LA NOTION DE TEMPS.
LE CALENDRIER

17. Les jours de la semaine
18. Les heures. Le jour et la nuit
19. Les mois. Les saisons

T&P Books Publishing

lundi (m)	**pirmdiena** (s)	[pirmdiɛna]
mardi (m)	**otrdiena** (s)	[ɔtrdiɛna]
mercredi (m)	**trešdiena** (s)	[treʃdiɛna]
jeudi (m)	**ceturtdiena** (s)	[tsɛturtdiɛna]
vendredi (m)	**piektdiena** (s)	[piɛktdiɛna]
samedi (m)	**sestdiena** (s)	[sestdiɛna]
dimanche (m)	**svētdiena** (s)	[sve:tdiɛna]
aujourd'hui (adv)	**šodien**	[ʃɔdiɛn]
demain (adv)	**rīt**	[ri:t]
après-demain (adv)	**parīt**	[pari:t]
hier (adv)	**vakar**	[vakar]
avant-hier (adv)	**aizvakar**	[aizvakar]
jour (m)	**diena** (s)	[diɛna]
jour (m) ouvrable	**darba diena** (s)	[darba diɛna]
jour (m) férié	**svētku diena** (s)	[sve:tku diɛna]
jour (m) de repos	**brīvdiena** (s)	[bri:vdiɛna]
week-end (m)	**brīvdienas** (s dsk)	[bri:vdiɛnas]
toute la journée	**visa diena**	[visa diɛna]
le lendemain	**nākamajā dienā**	[na:kamaja: diɛna:]
il y a 2 jours	**pirms divām dienām**	[pirms diva:m diɛna:m]
la veille	**dienu iepriekš**	[diɛnu iɛpriɛkʃ]
quotidien (adj)	**ikdienas**	[igdiɛnas]
tous les jours	**katru dienu**	[katru diɛnu]
semaine (f)	**nedēļa** (s)	[nɛdɛ:lʲa]
la semaine dernière	**pagājušajā nedēļā**	[paga:juʃaja: nɛdɛ:lʲa:]
la semaine prochaine	**nākamajā nedēļā**	[na:kamaja: nɛdɛ:lʲa:]
hebdomadaire (adj)	**iknedēļas**	[iknɛdɛ:lʲas]
chaque semaine	**katru nedēļu**	[katru nɛdɛ:lʲu]
2 fois par semaine	**divas reizes nedēļā**	[divas rɛizes nɛdɛ:lʲa:]
tous les mardis	**katru otrdienu**	[katru ɔtrdiɛnu]

matin (m)	**rīts** (v)	[ri:ts]
le matin	**no rīta**	[nɔ ri:ta]
midi (m)	**pusdiena** (s)	[pusdiɛna]
dans l'après-midi	**pēcpusdienā**	[pe:tspusdiɛna:]

soir (m)	vakars (v)	[vakars]
le soir	vakarā	[vakara:]
nuit (f)	nakts (s)	[nakts]
la nuit	naktī	[nakti:]
minuit (f)	pusnakts (s)	[pusnakts]

seconde (f)	sekunde (s)	[sɛkunde]
minute (f)	minūte (s)	[minu:te]
heure (f)	stunda (s)	[stunda]
demi-heure (f)	pusstunda	[pustunda]
un quart d'heure	stundas ceturksnis (v)	[stundas tsɛturksnis]
quinze minutes	piecpadsmit minūtes	[piɛtspadsmit minu:tes]
vingt-quatre heures	diennakts (s)	[diɛnnakts]

lever (m) du soleil	saullēkts (v)	[saulle:kts]
aube (f)	rītausma (s)	[ri:tausma]
point (m) du jour	agrs rīts (v)	[agrs ri:ts]
coucher (m) du soleil	saulriets (v)	[saulriɛts]

tôt le matin	agri no rīta	[agri nɔ ri:ta]
ce matin	šorīt	[ʃori:t]
demain matin	rīt no rīta	[ri:t nɔ ri:ta]

cet après-midi	šodien	[ʃodiɛn]
dans l'après-midi	pēcpusdienā	[pe:tspusdiɛna:]
demain après-midi	rīt pēcpusdienā	[ri:t pe:tspusdiɛna:]

ce soir	šovakar	[ʃovakar]
demain soir	rītvakar	[ri:tvakar]

à 3 heures précises	tieši trijos	[tiɛʃi trijos]
autour de 4 heures	ap četriem	[ap tʃetriɛm]
vers midi	ap divpadsmitiem	[ap divpadsmitiɛm]

dans 20 minutes	pēc divdesmit minūtēm	[pe:ts divdesmit minu:te:m]
dans une heure	pēc stundas	[pe:ts stundas]
à temps	laikā	[laika:]

… moins le quart	bez ceturkšņa …	[bez tsɛturkʃna …]
en une heure	stundas laikā	[stundas laika:]
tous les quarts d'heure	katras piecpadsmit minūtes	[katras piɛtspadsmit minu:tes]
24 heures sur 24	caurām dienām	[tsaura:m diɛna:m]

19. Les mois. Les saisons

janvier (m)	janvāris (v)	[janva:ris]
février (m)	februāris (v)	[februa:ris]
mars (m)	marts (v)	[marts]

avril (m)	**aprīlis** (v)	[apri:lis]
mai (m)	**maijs** (v)	[maijs]
juin (m)	**jūnijs** (v)	[ju:nijs]

juillet (m)	**jūlijs** (v)	[ju:lijs]
août (m)	**augusts** (v)	[augusts]
septembre (m)	**septembris** (v)	[septembris]
octobre (m)	**oktobris** (v)	[ɔktɔbris]
novembre (m)	**novembris** (v)	[nɔvembris]
décembre (m)	**decembris** (v)	[detsembris]

printemps (m)	**pavasaris** (v)	[pavasaris]
au printemps	**pavasarī**	[pavasari:]
de printemps (adj)	**pavasara**	[pavasara]

été (m)	**vasara** (s)	[vasara]
en été	**vasarā**	[vasara:]
d'été (adj)	**vasaras**	[vasaras]

automne (m)	**rudens** (v)	[rudens]
en automne	**rudenī**	[rudeni:]
d'automne (adj)	**rudens**	[rudens]

hiver (m)	**ziema** (s)	[ziɛma]
en hiver	**ziemā**	[ziɛma:]
d'hiver (adj)	**ziemas**	[ziɛmas]

mois (m)	**mēnesis** (v)	[mɛ:nesis]
ce mois	**šomēnes**	[ʃɔmɛ:nes]
le mois prochain	**nākamajā mēnesī**	[na:kamaja: mɛ:nesi:]
le mois dernier	**pagājušajā mēnesī**	[paga:juʃaja: mɛ:nesi:]

il y a un mois	**pirms mēneša**	[pirms mɛ:neʃa]
dans un mois	**pēc mēneša**	[pe:ts mɛ:neʃa]
dans 2 mois	**pēc diviem mēnešiem**	[pe:ts diviɛm mɛ:neʃiɛm]
tout le mois	**visu mēnesi**	[visu mɛ:nesi]
tout un mois	**veselu mēnesi**	[vesɛlu mɛ:nesi]

mensuel (adj)	**ikmēneša**	[ikmɛ:neʃa]
mensuellement	**ik mēnesi**	[ik mɛ:nesi]
chaque mois	**katru mēnesi**	[katru mɛ:nesi]
2 fois par mois	**divas reizes mēnesī**	[divas rɛizes mɛ:nesi:]

année (f)	**gads** (v)	[gads]
cette année	**šogad**	[ʃɔgad]
l'année prochaine	**nākamajā gadā**	[na:kamaja: gada:]
l'année dernière	**pagājušajā gadā**	[paga:juʃaja: gada:]

il y a un an	**pirms gada**	[pirms gada]
dans un an	**pēc gada**	[pe:ts gada]
dans 2 ans	**pēc diviem gadiem**	[pe:ts diviɛm gadiɛm]

toute l'année	**visu gadu**	[visu gadu]
toute une année	**veselu gadu**	[vesɛlu gadu]
chaque année	**katru gadu**	[katru gadu]
annuel (adj)	**ikgadējs**	[ikgade:js]
annuellement	**ik gadu**	[ik gadu]
4 fois par an	**četras reizes gadā**	[tʃetras rɛizes gada:]
date (f) (jour du mois)	**datums** (v)	[datums]
date (f) (~ mémorable)	**datums** (v)	[datums]
calendrier (m)	**kalendārs** (v)	[kalenda:rs]
six mois	**pusgads**	[pusgads]
semestre (m)	**pusgads** (v)	[pusgads]
saison (f)	**gadalaiks** (v)	[gadalaiks]
siècle (m)	**gadsimts** (v)	[gadsimts]

LES VOYAGES. L'HÔTEL

20. Les voyages. Les excursions
21. L'hôtel
22. Le tourisme

T&P Books Publishing

20. Les voyages. Les excursions

tourisme (m)	**tūrisms** (v)	[tu:risms]
touriste (m)	**tūrists** (v)	[tu:rists]
voyage (m) (à l'étranger)	**ceļojums** (v)	[tselʲɔjums]
aventure (f)	**piedzīvojums** (v)	[piɛdzi:vɔjums]
voyage (m)	**brauciens** (v)	[brautsiɛns]
vacances (f pl)	**atvaļinājums** (v)	[atvalʲina:jums]
être en vacances	**būt atvaļinājumā**	[bu:t atvalʲina:juma:]
repos (m) (jours de ~)	**atpūta** (s)	[atpu:ta]
train (m)	**vilciens** (v)	[viltsiɛns]
en train	**ar vilcienu**	[ar viltsiɛnu]
avion (m)	**lidmašīna** (s)	[lidmaʃi:na]
en avion	**ar lidmašīnu**	[ar lidmaʃi:nu]
en voiture	**ar automobili**	[ar autɔmɔbili]
en bateau	**ar kuģi**	[ar kudʲi]
bagage (m)	**bagāža** (s)	[baga:ʒa]
malle (f)	**čemodāns** (v)	[tʃemɔda:ns]
chariot (m)	**bagāžas ratiņi** (v dsk)	[baga:ʒas ratiɲi]
passeport (m)	**pase** (s)	[pase]
visa (m)	**vīza** (s)	[vi:za]
ticket (m)	**biļete** (s)	[bilʲɛte]
billet (m) d'avion	**aviobiļete** (s)	[aviobilʲɛte]
guide (m) (livre)	**ceļvedis** (v)	[tselʲvedis]
carte (f)	**karte** (s)	[karte]
région (f) (~ rurale)	**apvidus** (v)	[apvidus]
endroit (m)	**vieta** (s)	[viɛta]
exotisme (m)	**eksotika** (s)	[eksɔtika]
exotique (adj)	**eksotisks**	[eksɔtisks]
étonnant (adj)	**apbrīnojams**	[apbri:nɔjams]
groupe (m)	**grupa** (s)	[grupa]
excursion (f)	**ekskursija** (s)	[ekskursija]
guide (m) (personne)	**gids** (v)	[gids]

21. L'hôtel

hôtel (m), auberge (f)	**viesnīca** (s)	[viɛsni:tsa]
motel (m)	**motelis** (v)	[mɔtelis]

3 étoiles	**trīszvaigžņu**	[tri:szvaigȝnu]
5 étoiles	**pieczvaigžņu**	[piɛtszvaigȝnu]
descendre (à l'hôtel)	**apmesties**	[apmestiɛs]

chambre (f)	**numurs** (v)	[numurs]
chambre (f) simple	**vienvietīgs numurs** (v)	[viɛnviɛti:gs numurs]
chambre (f) double	**divvietīgs numurs** (v)	[divviɛti:gs numurs]
réserver une chambre	**rezervēt numuru**	[rɛzerve:t numuru]

demi-pension (f)	**pus pansija** (s)	[pus pansija]
pension (f) complète	**pilna pansija** (s)	[pilna pansija]

avec une salle de bain	**ar vannu**	[ar vannu]
avec une douche	**ar dušu**	[ar duʃu]
télévision (f) par satellite	**satelīta televīzija** (s)	[sateli:ta tɛlevi:zija]
climatiseur (m)	**kondicionētājs** (v)	[kɔnditsiɔnɛ:ta:js]
serviette (f)	**dvielis** (v)	[dviɛlis]
clé (f)	**atslēga** (s)	[atslɛ:ga]

administrateur (m)	**administrators** (v)	[administratɔrs]
femme (f) de chambre	**istabene** (s)	[istabɛne]
porteur (m)	**nesējs** (v)	[nɛse:js]
portier (m)	**portjē** (v)	[pɔrtje:]

restaurant (m)	**restorāns** (v)	[restɔra:ns]
bar (m)	**bārs** (v)	[ba:rs]
petit déjeuner (m)	**brokastis** (s dsk)	[brɔkastis]
dîner (m)	**vakariņas** (s dsk)	[vakariņas]
buffet (m)	**zviedru galds** (v)	[zviɛdru galds]

hall (m)	**vestibils** (v)	[vestibils]
ascenseur (m)	**lifts** (v)	[lifts]

PRIÈRE DE NE PAS DÉRANGER	**NETRAUCĒT**	[netrautse:t]
DÉFENSE DE FUMER	**SMĒĶĒT AIZLIEGTS!**	[smɛ:tʲe:t aizliɛgts!]

22. Le tourisme

monument (m)	**piemineklis** (v)	[piɛmineklis]
forteresse (f)	**cietoksnis** (v)	[tsiɛtɔksnis]
palais (m)	**pils** (s)	[pils]
château (m)	**pils** (s)	[pils]
tour (f)	**tornis** (v)	[tɔrnis]
mausolée (m)	**mauzolejs** (v)	[mauzɔlejs]

architecture (f)	**arhitektūra** (s)	[arxitektu:ra]
médiéval (adj)	**viduslaiku**	[viduslaiku]
ancien (adj)	**senlaiku**	[senlaiku]
national (adj)	**nacionāls**	[natsiɔna:ls]

connu (adj)	**slavens**	[slavens]
touriste (m)	**tūrists** (v)	[tu:rists]
guide (m) (personne)	**gids** (v)	[gids]
excursion (f)	**ekskursija** (s)	[ekskursija]
montrer (vt)	**parādīt**	[para:di:t]
raconter (une histoire)	**stāstīt**	[sta:sti:t]
trouver (vt)	**atrast**	[atrast]
se perdre (vp)	**nomaldīties**	[nɔmaldi:tiɛs]
plan (m) (du metro, etc.)	**shēma** (s)	[sxɛ:ma]
carte (f) (de la ville, etc.)	**plāns** (v)	[pla:ns]
souvenir (m)	**suvenīrs** (v)	[suveni:rs]
boutique (f) de souvenirs	**suvenīru veikals** (v)	[suveni:ru vɛikals]
prendre en photo	**fotografēt**	[fɔtografe:t]
se faire prendre en photo	**fotografēties**	[fɔtografe:tiɛs]

LES TRANSPORTS

23. L'aéroport
24. L'avion
25. Le train
26. Le bateau

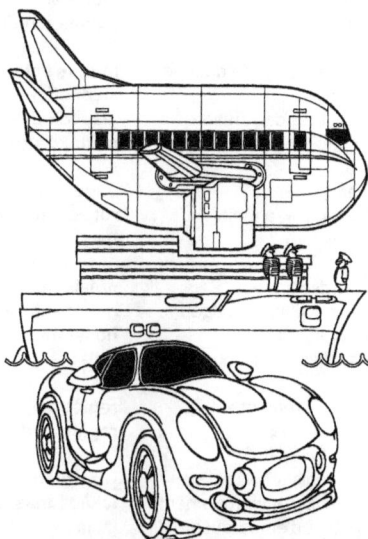

T&P Books Publishing

aéroport (m)	lidosta (s)	[lidɔsta]
avion (m)	lidmašīna (s)	[lidmaʃi:na]
compagnie (f) aérienne	aviokompānija (s)	[aviokɔmpa:nija]
contrôleur (m) aérien	dispečers (v)	[dispetʃɛrs]
départ (m)	izlidojums (v)	[izlidɔjums]
arrivée (f)	atlidošana (s)	[atlidɔʃana]
arriver (par avion)	atlidot	[atlidɔt]
temps (m) de départ	izlidojuma laiks (v)	[izlidɔjuma laiks]
temps (m) d'arrivée	atlidošanās laiks (v)	[atlidɔʃana:s laiks]
être retardé	kavēties	[kave:tiɛs]
retard (m) de l'avion	izlidojuma	[izlidɔjuma
	aizkavēšanās (s dsk)	aizkave:ʃana:s]
tableau (m) d'informations	informācijas tablo (v)	[infɔrma:tsijas tablɔ]
information (f)	informācija (s)	[infɔrma:tsija]
annoncer (vt)	paziņot	[paziɲɔt]
vol (m)	reiss (v)	[rɛis]
douane (f)	muita (s)	[muita]
douanier (m)	muitas ierēdnis (v)	[muitas iɛre:dnis]
déclaration (f) de douane	muitas deklerācija (s)	[muitas deklɛra:tsija]
remplir (vt)	aizpildīt	[aizpildi:t]
remplir la déclaration	aizpildīt deklarāciju	[aizpildi:t deklara:tsiju]
contrôle (m) de passeport	pasu kontrole (s)	[pasu kɔntrɔle]
bagage (m)	bagāža (s)	[baga:ʒa]
bagage (m) à main	rokas bagāža (s)	[rɔkas baga:ʒa]
chariot (m)	bagāžas ratiņi (v dsk)	[baga:ʒas ratiɲi]
atterrissage (m)	nolaišanās (s dsk)	[nɔlaiʃana:s]
piste (f) d'atterrissage	nosēšanās josla (s)	[nɔse:ʃana:s jɔsla]
atterrir (vi)	nosēsties	[nɔse:stiɛs]
escalier (m) d'avion	traps (v)	[traps]
enregistrement (m)	reģistrācija (s)	[redʲistra:tsija]
comptoir (m)	reģistrācijas galdiņš (v)	[redʲistra:tsijas galdiɲʃ]
d'enregistrement		
s'enregistrer (vp)	piereģistrēties	[piɛredʲistre:tiɛs]
carte (f) d'embarquement	iekāpšanas talons (v)	[iɛka:pʃanas talɔns]
porte (f) d'embarquement	izeja (s)	[izeja]

transit (m)	tranzīts (v)	[tranzi:ts]
attendre (vt)	gaidīt	[gaidi:t]
salle (f) d'attente	uzgaidāmā telpa (s)	[uzgaida:ma: telpa]
raccompagner	aizvadīt	[aizvadi:t]
(à l'aéroport, etc.)		
dire au revoir	atvadīties	[atvadi:tiɛs]

24. L'avion

avion (m)	lidmašīna (s)	[lidmaʃi:na]
billet (m) d'avion	aviobiļete (s)	[aviobilʲɛte]
compagnie (f) aérienne	aviokompānija (s)	[aviɔkɔmpa:nija]
aéroport (m)	lidosta (s)	[lidɔsta]
supersonique (adj)	virsskaņas	[virskaɲas]

commandant (m) de bord	kuǧa komandieris (v)	[kudʲa kɔmandiɛris]
équipage (m)	apkalpe (s)	[apkalpe]
pilote (m)	pilots (v)	[pilɔts]
hôtesse (f) de l'air	stjuarte (s)	[stjuarte]
navigateur (m)	stūrmanis (v)	[stu:rmanis]

ailes (f pl)	spārni (v dsk)	[spa:rni]
queue (f)	aste (s)	[aste]
cabine (f)	kabīne (s)	[kabi:ne]
moteur (m)	dzinējs (v)	[dzine:js]
train (m) d'atterrissage	šasija (s)	[ʃasija]
turbine (f)	turbīna (s)	[turbi:na]

hélice (f)	propelleris (v)	[prɔpelleris]
boîte (f) noire	melnā kaste (s)	[melna: kaste]
gouvernail (m)	stūres rats (v)	[stu:res rats]
carburant (m)	degviela (s)	[degviɛla]

consigne (f) de sécurité	instrukcija (s)	[instruktsija]
masque (m) à oxygène	skābekļa maska (s)	[ska:beklʲa maska]
uniforme (m)	uniforma (s)	[unifɔrma]
gilet (m) de sauvetage	glābšanas veste (s)	[gla:bʃanas veste]
parachute (m)	izpletnis (v)	[izpletnis]

décollage (m)	pacelšanās (s dsk)	[patselʃana:s]
décoller (vi)	pacelties	[patseltiɛs]
piste (f) de décollage	skrejceļš (v)	[skrejtselʲʃ]

visibilité (f)	redzamība (s)	[redzami:ba]
vol (m) (~ d'oiseau)	lidojums (v)	[lidɔjums]
altitude (f)	augstums (v)	[augstums]
trou (m) d'air	gaisa bedre (s)	[gaisa bedre]

| place (f) | sēdeklis (v) | [sɛ:deklis] |
| écouteurs (m pl) | austiņas (s dsk) | [austiɲas] |

tablette (f)	galdiņš (v)	[galdiɲʃ]
hublot (m)	iluminators (v)	[iluminatɔrs]
couloir (m)	eja (s)	[eja]

25. Le train

train (m)	vilciens (v)	[viltsiɛns]
train (m) de banlieue	elektrovilciens (v)	[ɛlektrɔviltsiɛns]
TGV (m)	ātrvilciens (v)	[a:trviltsiɛns]
locomotive (f) diesel	dīzeļlokomotīve (s)	[di:zelʲlɔkɔmɔti:ve]
locomotive (f) à vapeur	lokomotīve (s)	[lɔkɔmɔti:ve]

wagon (m)	vagons (v)	[vagɔns]
wagon-restaurant (m)	restorānvagons (v)	[restɔra:nvagɔns]

rails (m pl)	sliedes (s dsk)	[sliɛdes]
chemin (m) de fer	dzelzceļš (v)	[dzelztselʲʃ]
traverse (f)	gulsnis (v)	[gulsnis]

quai (m)	platforma (s)	[platfɔrma]
voie (f)	ceļš (v)	[tselʲʃ]
sémaphore (m)	semafors (v)	[sɛmafɔrs]
station (f)	stacija (s)	[statsija]

conducteur (m) de train	mašīnists (v)	[maʃi:nists]
porteur (m)	nesējs (v)	[nɛse:js]
steward (m)	pavadonis (v)	[pavadɔnis]
passager (m)	pasažieris (v)	[pasaʒiɛris]
contrôleur (m) de billets	kontrolieris (v)	[kɔntrɔliɛris]

couloir (m)	koridors (v)	[kɔridɔrs]
frein (m) d'urgence	stop-krāns (v)	[stɔp-kra:ns]

compartiment (m)	kupeja (s)	[kupeja]
couchette (f)	plaukts (v)	[plaukts]
couchette (f) d'en haut	augšējais plaukts (v)	[augʃe:jais plaukts]
couchette (f) d'en bas	apakšējais plaukts (v)	[apakʃe:jais plaukts]
linge (m) de lit	gultas veļa (s)	[gultas vɛlʲa]

ticket (m)	biļete (s)	[bilʲɛte]
horaire (m)	saraksts (v)	[saraksts]
tableau (m) d'informations	tablo (v)	[tablɔ]

partir (vi)	atiet	[atiɛt]
départ (m) (du train)	atiešana (s)	[atiɛʃana]
arriver (le train)	ierasties	[iɛrastiɛs]
arrivée (f)	pienākšana (s)	[piɛna:kʃana]

arriver en train	atbraukt ar vilcienu	[atbraukt ar viltsiɛnu]
prendre le train	iekāpt vilcienā	[iɛka:pt viltsiɛna:]

descendre du train	izkāpt no vilciena	[izka:pt nɔ viltsiɛna]
accident (m) ferroviaire	katastrofa (s)	[katastrɔfa]
dérailler (vi)	noskriet no sliedēm	[nɔskriɛt nɔ sliɛde:m]

locomotive (f) à vapeur	lokomotīve (s)	[lɔkɔmɔti:ve]
chauffeur (m)	kurinātājs (v)	[kurina:ta:js]
chauffe (f)	kurtuve (s)	[kurtuve]
charbon (m)	ogles (s dsk)	[ɔgles]

26. Le bateau

bateau (m)	kuģis (v)	[kudʲis]
navire (m)	kuģis (v)	[kudʲis]

bateau (m) à vapeur	tvaikonis (v)	[tvaikɔnis]
paquebot (m)	motorkuģis (v)	[mɔtɔrkudʲis]
bateau (m) de croisière	laineris (v)	[laineris]
croiseur (m)	kreiseris (v)	[krɛiseris]

yacht (m)	jahta (s)	[jaxta]
remorqueur (m)	velkonis (v)	[velkɔnis]
péniche (f)	barža (s)	[barʒa]
ferry (m)	prāmis (v)	[pra:mis]

voilier (m)	burinieks (v)	[buriniɛks]
brigantin (m)	brigantīna (s)	[briganti:na]

brise-glace (m)	ledlauzis (v)	[ledlauzis]
sous-marin (m)	zemūdene (s)	[zɛmu:dɛne]

canot (m) à rames	laiva (s)	[laiva]
dinghy (m)	laiva (s)	[laiva]
canot (m) de sauvetage	glābšanas laiva (s)	[gla:bʃanas laiva]
canot (m) à moteur	kuteris (v)	[kuteris]

capitaine (m)	kapteinis (v)	[kaptɛinis]
matelot (m)	matrozis (v)	[matrɔzis]
marin (m)	jūrnieks (v)	[ju:rnieks]
équipage (m)	apkalpe (s)	[apkalpe]

maître (m) d'équipage	bocmanis (v)	[bɔtsmanis]
mousse (m)	junga (v)	[juŋga]
cuisinier (m) du bord	kuģa pavārs (v)	[kudʲa pava:rs]
médecin (m) de bord	kuģa ārsts (v)	[kudʲa a:rsts]

pont (m)	klājs (v)	[kla:js]
mât (m)	masts (v)	[masts]
voile (f)	bura (s)	[bura]
cale (f)	tilpne (s)	[tilpne]
proue (f)	priekšgals (v)	[priɛkʃgals]

poupe (f)	pakaļgals (v)	[pakalʲgals]
rame (f)	airis (v)	[airis]
hélice (f)	dzenskrūve (s)	[dzenskru:ve]

cabine (f)	kajīte (s)	[kaji:te]
carré (m) des officiers	kopkajīte (s)	[kɔpkaji:te]
salle (f) des machines	mašīnu nodaļa (s)	[maʃi:nu nɔdalʲa]
passerelle (f)	komandtiltiņš (v)	[kɔmandtiltiɲʃ]
cabine (f) de T.S.F.	radio telpa (s)	[radiɔ telpa]
onde (f)	vilnis (v)	[vilnis]
journal (m) de bord	kuģa žurnāls (v)	[kudʲa ʒurna:ls]

longue-vue (f)	tālskatis (v)	[ta:lskatis]
cloche (f)	zvans (v)	[zvans]
pavillon (m)	karogs (v)	[karɔgs]

| grosse corde (f) tressée | tauva (s) | [tauva] |
| nœud (m) marin | mezgls (v) | [mezgls] |

| rampe (f) | rokturis (v) | [rɔkturis] |
| passerelle (f) | traps (v) | [traps] |

ancre (f)	enkurs (v)	[enkurs]
lever l'ancre	pacelt enkuru	[patselt enkuru]
jeter l'ancre	izmest enkuru	[izmest enkuru]
chaîne (f) d'ancrage	enkurķēde (s)	[enkurtʲɛ:de]

port (m)	osta (s)	[ɔsta]
embarcadère (m)	piestātne (s)	[piɛsta:tne]
accoster (vi)	pietauvot	[piɛtauvɔt]
larguer les amarres	atiet no krasta	[atiɛt nɔ krasta]

voyage (m) (à l'étranger)	ceļojums (v)	[tselʲɔjums]
croisière (f)	kruīzs (v)	[krui:zs]
cap (m) (suivre un ~)	kurss (v)	[kurs]
itinéraire (m)	maršruts (v)	[marʃruts]

chenal (m)	kuģu ceļš (v)	[kudʲu tselʲʃ]
bas-fond (m)	sēklis (v)	[se:klis]
échouer sur un bas-fond	uzsēsties uz sēkļa	[uzse:sties uz se:klʲa]

tempête (f)	vētra (s)	[ve:tra]
signal (m)	signāls (v)	[signa:ls]
sombrer (vi)	grimt	[grimt]
Un homme à la mer!	Cilvēks aiz borta!	[tsilve:ks aiz bɔrta!]
SOS (m)	SOS	[sɔs]
bouée (f) de sauvetage	glābšanas riņķis (v)	[gla:bʃanas riɲtʲis]

LA VILLE

27. Les transports en commun
28. La ville. La vie urbaine
29. Les institutions urbaines
30. Les enseignes. Les panneaux
31. Le shopping

T&P Books Publishing

autobus (m)	**autobuss** (v)	[autɔbus]
tramway (m)	**tramvajs** (v)	[tramvajs]
trolleybus (m)	**trolejbuss** (v)	[trɔlejbus]
itinéraire (m)	**maršruts** (v)	[marʃruts]
numéro (m)	**numurs** (v)	[numurs]
prendre ...	**braukt ar ...**	[braukt ar ...]
monter (dans l'autobus)	**iekāpt**	[iɛka:pt]
descendre de ...	**izkāpt**	[izka:pt]
arrêt (m)	**pietura** (s)	[piɛtura]
arrêt (m) prochain	**nākamā pietura** (s)	[na:kama: piɛtura]
terminus (m)	**galapunkts** (v)	[galapunkts]
horaire (m)	**saraksts** (v)	[saraksts]
attendre (vt)	**gaidīt**	[gaidi:t]
ticket (m)	**biļete** (s)	[bilʲɛte]
prix (m) du ticket	**biļetes maksa** (s)	[bilʲɛtes maksa]
caissier (m)	**kasieris** (v)	[kasiɛris]
contrôle (m) des tickets	**kontrole** (s)	[kɔntrɔle]
contrôleur (m)	**kontrolieris** (v)	[kɔntrɔliɛris]
être en retard	**nokavēties**	[nɔkave:tiɛs]
rater (~ le train)	**nokavēt ...**	[nɔkave:t ...]
se dépêcher	**steigties**	[stɛigtiɛs]
taxi (m)	**taksometrs** (v)	[taksɔmetrs]
chauffeur (m) de taxi	**taksists** (v)	[taksists]
en taxi	**ar taksometru**	[ar taksɔmetru]
arrêt (m) de taxi	**taksometru stāvvieta** (s)	[taksɔmetru sta:vviɛta]
appeler un taxi	**izsaukt taksometru**	[izsaukt taksɔmetru]
prendre un taxi	**nolīgt taksometru**	[nɔli:gt taksɔmetru]
trafic (m)	**satiksme** (s)	[satiksme]
embouteillage (m)	**sastrēgums** (v)	[sastrɛ:gums]
heures (f pl) de pointe	**maksimālās slodzes laiks** (v)	[maksima:la:s slɔdzes laiks]
se garer (vp)	**novietot auto**	[nɔviɛtɔt autɔ]
garer (vt)	**novietot auto**	[nɔviɛtɔt autɔ]
parking (m)	**autostāvvieta** (s)	[autɔsta:vviɛta]
métro (m)	**metro** (v)	[metrɔ]
station (f)	**stacija** (s)	[statsija]

prendre le métro	braukt ar metro	[braukt ar metrɔ]
train (m)	vilciens (v)	[viltsiɛns]
gare (f)	dzelzceļa stacija (s)	[dzelztsɛlʲa statsija]

28. La ville. La vie urbaine

ville (f)	pilsēta (s)	[pilsɛ:ta]
capitale (f)	galvaspilsēta (s)	[galvaspilsɛ:ta]
village (m)	ciems (v)	[tsiɛms]

plan (m) de la ville	pilsētas plāns (v)	[pilsɛ:tas pla:ns]
centre-ville (m)	pilsētas centrs (v)	[pilsɛ:tas tsentrs]
banlieue (f)	piepilsēta (s)	[piɛpilsɛ:ta]
de banlieue (adj)	piepilsētas	[piɛpilsɛ:tas]

périphérie (f)	nomale (s)	[nɔmale]
alentours (m pl)	apkārtnes (s dsk)	[apka:rtnes]
quartier (m)	kvartāls (v)	[kvarta:ls]
quartier (m) résidentiel	dzīvojamais kvartāls (v)	[dzi:vɔjamais kvarta:ls]

trafic (m)	satiksme (s)	[satiksme]
feux (m pl) de circulation	luksofors (v)	[luksɔfors]
transport (m) urbain	sabiedriskais transports (v)	[sabiɛdriskais transpɔrts]
carrefour (m)	krustojums (v)	[krustɔjums]

passage (m) piéton	gājēju pāreja (s)	[ga:je:ju pa:reja]
passage (m) souterrain	pazemes pāreja (s)	[pazɛmes pa:reja]
traverser (vt)	pāriet	[pa:riɛt]
piéton (m)	kājāmgājējs (v)	[ka:ja:mga:je:js]
trottoir (m)	trotuārs (v)	[trɔtua:rs]

pont (m)	tilts (v)	[tilts]
quai (m)	krastmala (s)	[krastmala]
fontaine (f)	strūklaka (s)	[stru:klaka]

allée (f)	gatve (s)	[gatve]
parc (m)	parks (v)	[parks]
boulevard (m)	bulvāris (v)	[bulva:ris]
place (f)	laukums (v)	[laukums]
avenue (f)	prospekts (v)	[prɔspekts]
rue (f)	iela (s)	[iɛla]
ruelle (f)	šķērsiela (s)	[ʃcʲɛ:rsiɛla]
impasse (f)	strupceļš (v)	[struptselʲʃ]

maison (f)	māja (s)	[ma:ja]
édifice (m)	ēka (s)	[ɛ:ka]
gratte-ciel (m)	augstceltne (s)	[augsttseltne]
façade (f)	fasāde (s)	[fasa:de]
toit (m)	jumts (v)	[jumts]

fenêtre (f)	logs (v)	[lɔgs]
arc (m)	loks (v)	[lɔks]
colonne (f)	kolona (s)	[kɔlɔna]
coin (m)	stūris (v)	[stu:ris]

vitrine (f)	skatlogs (v)	[skatlɔgs]
enseigne (f)	izkārtne (s)	[izka:rtne]
affiche (f)	afiša (s)	[afiʃa]
affiche (f) publicitaire	reklāmu plakāts (v)	[rekla:mu plaka:ts]
panneau-réclame (m)	reklāmu dēlis (v)	[rekla:mu de:lis]

ordures (f pl)	atkritumi (v dsk)	[atkritumi]
poubelle (f)	atkritumu tvertne (s)	[atkritumu tvertne]
jeter à terre	piegružot	[piɛgruʒɔt]
décharge (f)	izgāztuve (s)	[izga:ztuve]

cabine (f) téléphonique	telefona būda (s)	[tɛlefɔna bu:da]
réverbère (m)	laterna (s)	[laterna]
banc (m)	sols (v)	[sɔls]

policier (m)	policists (v)	[pɔlitsists]
police (f)	policija (s)	[pɔlitsija]
clochard (m)	nabags (v)	[nabags]
sans-abri (m)	bezpajumtnieks (v)	[bezpajumtniɛks]

29. Les institutions urbaines

magasin (m)	veikals (v)	[vɛikals]
pharmacie (f)	aptieka (s)	[aptiɛka]
opticien (m)	optika (s)	[ɔptika]
centre (m) commercial	tirdzniecības centrs (v)	[tirdzniɛtsi:bas tsentrs]
supermarché (m)	lielveikals (v)	[liɛlvɛikals]

boulangerie (f)	maiznīca (s)	[maizni:tsa]
boulanger (m)	maiznieks (v)	[maizniɛks]
pâtisserie (f)	konditoreja (s)	[kɔnditɔreja]
épicerie (f)	pārtikas preču veikals (v)	[pa:rtikas pretʃu vɛikals]
boucherie (f)	gaļas veikals (v)	[gaļas vɛikals]

| magasin (m) de légumes | sakņu veikals (v) | [sakņu vɛikals] |
| marché (m) | tirgus (v) | [tirgus] |

salon (m) de café	kafejnīca (s)	[kafejni:tsa]
restaurant (m)	restorāns (v)	[restɔra:ns]
brasserie (f)	alus krogs (v)	[alus krɔgs]
pizzeria (f)	picērija (s)	[pitse:rija]

salon (m) de coiffure	frizētava (s)	[frizɛ:tava]
poste (f)	pasts (v)	[pasts]
pressing (m)	ķīmiskā tīrītava (s)	[tʲi:miska: ti:ri:tava]

atelier (m) de photo	fotostudija (s)	[fɔtɔstudija]
magasin (m) de chaussures	apavu veikals (v)	[apavu vɛikals]
librairie (f)	grāmatnīca (s)	[gra:matni:tsa]
magasin (m) d'articles de sport	sporta preču veikals (v)	[spɔrta pretʃu vɛikals]
atelier (m) de retouche	apģērbu labošana (s)	[apdʲe:rbu labɔʃana]
location (f) de vêtements	apģērbu noma (s)	[apdʲe:rbu nɔma]
location (f) de films	filmu noma (s)	[filmu nɔma]
cirque (m)	cirks (v)	[tsirks]
zoo (m)	zoodārzs (v)	[zɔɔda:rzs]
cinéma (m)	kinoteātris (v)	[kinɔtea:tris]
musée (m)	muzejs (v)	[muzejs]
bibliothèque (f)	bibliotēka (s)	[bibliɔtɛ:ka]
théâtre (m)	teātris (v)	[tea:tris]
opéra (m)	opera (s)	[ɔpɛra]
boîte (f) de nuit	naktsklubs (v)	[naktsklubs]
casino (m)	kazino (v)	[kazinɔ]
mosquée (f)	mošeja (s)	[mɔʃeja]
synagogue (f)	sinagoga (s)	[sinagɔga]
cathédrale (f)	katedrāle (s)	[katedra:le]
temple (m)	dievnams (v)	[diɛvnams]
église (f)	baznīca (s)	[bazni:tsa]
institut (m)	institūts (v)	[institu:ts]
université (f)	universitāte (s)	[univɛrsita:te]
école (f)	skola (s)	[skɔla]
préfecture (f)	prefektūra (s)	[prefektu:ra]
mairie (f)	mērija (s)	[me:rija]
hôtel (m)	viesnīca (s)	[viɛsni:tsa]
banque (f)	banka (s)	[banka]
ambassade (f)	vēstniecība (s)	[ve:stniɛtsi:ba]
agence (f) de voyages	tūrisma aģentūra (s)	[tu:risma adʲentu:ra]
bureau (m) d'information	izziņu birojs (v)	[izziɲu birɔjs]
bureau (m) de change	apmaiņas punkts (v)	[apmaiɲas punkts]
métro (m)	metro (v)	[metrɔ]
hôpital (m)	slimnīca (s)	[slimni:tsa]
station-service (f)	degvielas uzpildes stacija (s)	[degviɛlas uzpildes statsija]
parking (m)	autostāvvieta (s)	[autɔsta:vviɛta]

30. Les enseignes. Les panneaux

enseigne (f)	izkārtne (s)	[izka:rtne]
pancarte (f)	uzraksts (v)	[uzraksts]
poster (m)	plakāts (v)	[plaka:ts]

| indicateur (m) de direction | ceļrādis (v) | [tseļˈraːdis] |
| flèche (f) | bultiņa (s) | [bultiɲa] |

avertissement (m)	brīdinājums (v)	[briːdinaːjums]
panneau d'avertissement	brīdinājums (v)	[briːdinaːjums]
avertir (vt)	brīdināt	[briːdinaːt]

jour (m) de repos	brīvdiena (s)	[briːvdiɛna]
horaire (m)	saraksts (v)	[saraksts]
heures (f pl) d'ouverture	darba laiks (v)	[darba laiks]

BIENVENUE!	LAIPNI LŪDZAM!	[laipni luːdzam!]
ENTRÉE	IEEJA	[iɛeja]
SORTIE	IZEJA	[izeja]

POUSSER	GRŪST	[gruːst]
TIRER	VILKT	[vilkt]
OUVERT	ATVĒRTS	[atveːrts]
FERMÉ	SLĒGTS	[sleːgts]

| FEMMES | SIEVIEŠU | [siɛviɛʃu] |
| HOMMES | VĪRIEŠU | [viːriɛʃu] |

RABAIS	ATLAIDES	[atlaides]
SOLDES	IZPĀRDOŠANA	[izpaːrdoʃana]
NOUVEAU!	JAUNUMS!	[jaunums!]
GRATUIT	BEZMAKSAS	[bezmaksas]

ATTENTION!	UZMANĪBU!	[uzmaniːbu!]
COMPLET	BRĪVU VIETU NAV	[briːvu viɛtu nav]
RÉSERVÉ	REZERVĒTS	[rɛzerveːts]

| ADMINISTRATION | ADMINISTRĀCIJA | [administraːtsija] |
| RÉSERVÉ AU PERSONNEL | TIKAI PERSONĀLAM | [tikai pɛrsona:lam] |

ATTENTION CHIEN MÉCHANT	NIKNS SUNS	[nikns suns]
DÉFENSE DE FUMER	SMĒĶĒT AIZLIEGTS!	[smɛːtʲeːt aizliɛgts!]
PRIÈRE DE NE PAS TOUCHER	AR ROKĀM NEAIZTIKT	[ar rɔkaːm neaiztikt]

DANGEREUX	BĪSTAMI	[biːstami]
DANGER	BĪSTAMS	[biːstams]
HAUTE TENSION	AUGSTSPRIEGUMS	[augstspriɛgums]
BAIGNADE INTERDITE	PELDĒT AIZLIEGTS!	[peldeːt aizliɛgts!]
HORS SERVICE	NESTRĀDĀ	[nestraːdaː]

INFLAMMABLE	UGUNSNEDROŠS	[ugunsnedrɔʃs]
INTERDIT	AIZLIEGTS	[aizliɛgts]
PASSAGE INTERDIT	IEIEJA AIZLIEGTA	[iɛiɛja aizliɛgta]
PEINTURE FRAÎCHE	SVAIGI KRĀSOTS	[svaigi kraːsots]

31. Le shopping

acheter (vt)	**pirkt**	[pirkt]
achat (m)	**pirkums** (v)	[pirkums]
faire des achats	**iepirkties**	[iɛpirktiɛs]
shopping (m)	**iepirkšanās** (s)	[iɛpirkʃana:s]
être ouvert	**strādāt**	[stra:da:t]
être fermé	**slēgties**	[sle:gtiɛs]
chaussures (f pl)	**apavi** (v dsk)	[apavi]
vêtement (m)	**apģērbs** (v)	[apdʲe:rbs]
produits (m pl) de beauté	**kosmētika** (s)	[kɔsme:tika]
produits (m pl) alimentaires	**pārtikas produkti** (v dsk)	[pa:rtikas prɔdukti]
cadeau (m)	**dāvana** (s)	[da:vana]
vendeur (m)	**pārdevējs** (v)	[pa:rdɛve:js]
vendeuse (f)	**pārdevēja** (s)	[pa:rdɛve:ja]
caisse (f)	**kase** (s)	[kase]
miroir (m)	**spogulis** (v)	[spɔgulis]
comptoir (m)	**lete** (s)	[lɛte]
cabine (f) d'essayage	**pielaikošanas kabīne** (s)	[piɛlaikɔʃanas kabi:ne]
essayer (robe, etc.)	**pielaikot**	[piɛlaikɔt]
aller bien (robe, etc.)	**derēt**	[dɛre:t]
plaire (être apprécié)	**patikt**	[patikt]
prix (m)	**cena** (s)	[tsɛna]
étiquette (f) de prix	**cenas zīme** (s)	[tsɛnas zi:me]
coûter (vt)	**maksāt**	[maksa:t]
Combien?	**Cik?**	[tsik?]
rabais (m)	**atlaide** (s)	[atlaide]
pas cher (adj)	**ne visai dārgs**	[ne visai da:rgs]
bon marché (adj)	**lēts**	[le:ts]
cher (adj)	**dārgs**	[da:rgs]
C'est cher	**Tas ir dārgi**	[tas ir da:rgi]
location (f)	**noma** (s)	[nɔma]
louer (une voiture, etc.)	**paņemt nomā**	[paɲemt nɔma:]
crédit (m)	**kredīts** (v)	[kredi:ts]
à crédit (adv)	**uz kredīta**	[uz kredi:ta]

LES VÊTEMENTS &
LES ACCESSOIRES

32. Les vêtements d'extérieur
33. Les vêtements
34. Les sous-vêtements
35. Les chapeaux
36. Les chaussures
37. Les accessoires personnels
38. Les vêtements. Divers
39. L'hygiène corporelle.
    Les cosmétiques
40. Les montres. Les horloges

T&P Books Publishing

vêtement (m)	apģērbs (v)	[apdʲeːrbs]
survêtement (m)	virsdrēbes (s dsk)	[virsdrɛːbes]
vêtement (m) d'hiver	ziemas drēbes (s dsk)	[ziɛmas drɛːbes]
manteau (m)	mētelis (v)	[mɛːtelis]
manteau (m) de fourrure	kažoks (v)	[kaʒɔks]
veste (f) de fourrure	puskažoks (v)	[puskaʒɔks]
manteau (m) de duvet	dūnu mētelis (v)	[duːnu mɛːtelis]
veste (f) (~ en cuir)	jaka (s)	[jaka]
imperméable (m)	apmetnis (v)	[apmetnis]
imperméable (adj)	ūdensnecaurlaidīgs	[uːdensnetsaurlaidiːgs]

chemise (f)	krekls (v)	[krekls]
pantalon (m)	bikses (s dsk)	[bikses]
jean (m)	džinsi (v dsk)	[dʒinsi]
veston (m)	žakete (s)	[ʒakɛte]
complet (m)	uzvalks (v)	[uzvalks]
robe (f)	kleita (s)	[klɛita]
jupe (f)	svārki (v dsk)	[svaːrki]
chemisette (f)	blūze (s)	[bluːze]
veste (f) en laine	vilnaina jaka (s)	[vilnaina jaka]
jaquette (f), blazer (m)	žakete (s)	[ʒakɛte]
tee-shirt (m)	sporta krekls (v)	[sporta krekls]
short (m)	šorti (v dsk)	[ʃorti]
costume (m) de sport	sporta tērps (v)	[sporta teːrps]
peignoir (m) de bain	halāts (v)	[xalaːts]
pyjama (m)	pidžama (s)	[pidʒama]
chandail (m)	svīteris (v)	[sviːteris]
pull-over (m)	pulovers (v)	[pulɔvɛrs]
gilet (m)	veste (s)	[veste]
queue-de-pie (f)	fraka (s)	[fraka]
smoking (m)	smokings (v)	[smɔkiŋgs]
uniforme (m)	uniforma (s)	[unifɔrma]
tenue (f) de travail	darba apģērbs (v)	[darba apdʲeːrbs]

| salopette (f) | kombinezons (v) | [kɔmbinezɔns] |
| blouse (f) (d'un médecin) | halāts (v) | [xala:ts] |

34. Les sous-vêtements

sous-vêtements (m pl)	veļa (s)	[vɛlʲa]
boxer (m)	bokseršorti (v dsk)	[bɔkserʃɔrti]
slip (m) de femme	biksītes (s dsk)	[biksi:tes]
maillot (m) de corps	apakškrekls (v)	[apakʃkrekls]
chaussettes (f pl)	zeķes (s dsk)	[zɛtʲes]
chemise (f) de nuit	naktskrekls (v)	[naktskrekls]
soutien-gorge (m)	krūšturis (v)	[kru:ʃturis]
chaussettes (f pl) hautes	pusgarās zeķes (s dsk)	[pusgara:s zɛtʲes]
collants (m pl)	zeķubikses (s dsk)	[zɛtʲubikses]
bas (m pl)	sieviešu zeķes (s dsk)	[siɛviɛʃu zɛtʲes]
maillot (m) de bain	peldkostīms (v)	[peldkɔsti:ms]

35. Les chapeaux

chapeau (m)	cepure (s)	[tsɛpure]
chapeau (m) feutre	platmale (s)	[platmale]
casquette (f) de base-ball	beisbola cepure (s)	[bɛisbɔla tsɛpure]
casquette (f)	žokejcepure (s)	[ʒɔkejtsɛpure]
béret (m)	berete (s)	[bɛrɛte]
capuche (f)	kapuce (s)	[kaputse]
panama (m)	panama (s)	[panama]
bonnet (m) de laine	adīta cepurīte (s)	[adi:ta tsɛpuri:te]
foulard (m)	lakats (v)	[lakats]
chapeau (m) de femme	cepurīte (s)	[tsɛpuri:te]
casque (m) (d'ouvriers)	ķivere (s)	[tʲivɛre]
calot (m)	laiviņa (s)	[laiviɲa]
casque (m) (~ de moto)	bruņu cepure (s)	[bruɲu tsɛpure]
melon (m)	katliņš (v)	[katliɲʃ]
haut-de-forme (m)	cilindrs (v)	[tsilindrs]

36. Les chaussures

chaussures (f pl)	apavi (v dsk)	[apavi]
bottines (f pl)	puszābaki (v dsk)	[pusza:baki]
souliers (m pl) (~ plats)	kurpes (s dsk)	[kurpes]
bottes (f pl)	zābaki (v dsk)	[za:baki]

chaussons (m pl)	čības (s dsk)	[tʃiːbas]
tennis (m pl)	sporta kurpes (s dsk)	[sporta kurpes]
baskets (f pl)	kedas (s dsk)	[kɛdas]
sandales (f pl)	sandales (s dsk)	[sandales]

cordonnier (m)	kurpnieks (v)	[kurpniɛks]
talon (m)	papēdis (v)	[papeːdis]
paire (f)	pāris (v)	[paːris]

lacet (m)	aukla (s)	[aukla]
lacer (vt)	saitēt	[saiteːt]
chausse-pied (m)	kurpju velkamais (v)	[kurpju velkamais]
cirage (m)	apavu krēms (v)	[apavu kreːms]

37. Les accessoires personnels

gants (m pl)	cimdi (v dsk)	[tsimdi]
moufles (f pl)	dūraiņi (v dsk)	[duːraiɲi]
écharpe (f)	šalle (s)	[ʃalle]

lunettes (f pl)	brilles (s dsk)	[brilles]
monture (f)	ietvars (v)	[iɛtvars]
parapluie (m)	lietussargs (v)	[liɛtusargs]
canne (f)	spieķis (v)	[spiɛtʲis]
brosse (f) à cheveux	matu suka (s)	[matu suka]
éventail (m)	vēdeklis (v)	[vɛːdeklis]

cravate (f)	kaklasaite (s)	[kaklasaite]
nœud papillon (m)	tauriņš (v)	[tauriɲʃ]
bretelles (f pl)	bikšturi (v dsk)	[bikʃturi]
mouchoir (m)	kabatlakatiņš (v)	[kabatlakatiɲʃ]

peigne (m)	ķemme (s)	[tʲemme]
barrette (f)	matu sprādze (s)	[matu spraːdze]
épingle (f) à cheveux	matadata (s)	[matadata]
boucle (f)	sprādze (s)	[spraːdze]

| ceinture (f) | josta (s) | [jɔsta] |
| bandoulière (f) | siksna (s) | [siksna] |

sac (m)	soma (s)	[sɔma]
sac (m) à main	somiņa (s)	[sɔmiɲa]
sac (m) à dos	mugursoma (s)	[mugursɔma]

38. Les vêtements. Divers

| mode (f) | mode (s) | [mɔde] |
| à la mode (adj) | moderns | [mɔderns] |

couturier, créateur de mode	modelētājs (v)	[mɔdɛlɛ:ta:js]

col (m)	apkakle (s)	[apkakle]
poche (f)	kabata (s)	[kabata]
de poche (adj)	kabatas	[kabatas]
manche (f)	piedurkne (s)	[piɛdurkne]
bride (f)	pakaramais (v)	[pakaramais]
braguette (f)	bikšu priekša	[bikʃu priɛkʃa]

fermeture (f) à glissière	rāvējslēdzējs (v)	[ra:ve:jsle:dze:js]
agrafe (f)	aizdare (s)	[aizdare]
bouton (m)	poga (s)	[pɔga]
boutonnière (f)	pogcaurums (v)	[pɔgtsaurums]
s'arracher (bouton)	atrauties	[atrautiɛs]

coudre (vi, vt)	šūt	[ʃu:t]
broder (vt)	izšūt	[izʃu:t]
broderie (f)	izšūšana (s)	[izʃu:ʃana]
aiguille (f)	adata (s)	[adata]
fil (m)	diegs (v)	[diɛgs]
couture (f)	šuve (s)	[ʃuve]

se salir (vp)	notraipīties	[nɔtraipi:tiɛs]
tache (f)	traips (v)	[traips]
se froisser (vp)	saburzīties	[saburzi:tiɛs]
déchirer (vt)	saplēst	[saple:st]
mite (f)	kode (s)	[kɔde]

39. L'hygiène corporelle. Les cosmétiques

dentifrice (m)	zobu pasta (s)	[zɔbu pasta]
brosse (f) à dents	zobu suka (s)	[zɔbu suka]
se brosser les dents	tīrīt zobus	[ti:ri:t zɔbus]

rasoir (m)	skuveklis (v)	[skuveklis]
crème (f) à raser	skūšanas krēms (v)	[sku:ʃanas kre:ms]
se raser (vp)	skūties	[sku:tiɛs]

savon (m)	ziepes (s dsk)	[ziɛpes]
shampooing (m)	šampūns (v)	[ʃampu:ns]

ciseaux (m pl)	šķēres (s dsk)	[ʃtʲɛ:res]
lime (f) à ongles	nagu vīlīte (s)	[nagu vi:li:te]
pinces (f pl) à ongles	knaiblītes (s dsk)	[knaibli:tes]
pince (f) à épiler	pincete (s)	[pintsɛte]

produits (m pl) de beauté	kosmētika (s)	[kɔsme:tika]
masque (m) de beauté	maska (s)	[maska]
manucure (f)	manikīrs (v)	[maniki:rs]
se faire les ongles	taisīt manikīru	[taisi:t maniki:ru]

pédicurie (f)	**pedikīrs** (v)	[pediki:rs]
trousse (f) de toilette	**kosmētikas somiņa** (s)	[kɔsme:tikas sɔmiɲa]
poudre (f)	**pūderis** (v)	[pu:deris]
poudrier (m)	**pūdernīca** (s)	[pu:derni:tsa]
fard (m) à joues	**vaigu sārtums** (v)	[vaigu sa:rtums]

parfum (m)	**smaržas** (s dsk)	[smarʒas]
eau (f) de toilette	**tualetes ūdens** (v)	[tualɛtes u:dens]
lotion (f)	**losjons** (v)	[lɔsjɔns]
eau de Cologne (f)	**odekolons** (v)	[ɔdekɔlɔns]

fard (m) à paupières	**acu ēnas** (s dsk)	[atsu ɛ:nas]
crayon (m) à paupières	**acu zīmulis** (v)	[atsu zi:mulis]
mascara (m)	**skropstu tuša** (s)	[skrɔpstu tuʃa]

rouge (m) à lèvres	**lūpu krāsa** (s)	[lu:pu kra:sa]
vernis (m) à ongles	**nagu laka** (s)	[nagu laka]
laque (f) pour les cheveux	**matu laka** (s)	[matu laka]
déodorant (m)	**dezodorants** (v)	[dezɔdɔrants]

crème (f)	**krēms** (v)	[kre:ms]
crème (f) pour le visage	**sejas krēms** (v)	[sejas kre:ms]
crème (f) pour les mains	**rokas krēms** (v)	[rɔkas kre:ms]
crème (f) anti-rides	**pretgrumbu krēms** (v)	[pretgrumbu kre:ms]
crème (f) de jour	**dienas krēms** (v)	[diɛnas kre:ms]
crème (f) de nuit	**nakts krēms** (v)	[nakts kre:ms]
de jour (adj)	**dienas**	[diɛnas]
de nuit (adj)	**nakts**	[nakts]

tampon (m)	**tampons** (v)	[tampɔns]
papier (m) de toilette	**tualetes papīrs** (v)	[tualɛtes papi:rs]
sèche-cheveux (m)	**fēns** (v)	[fe:ns]

40. Les montres. Les horloges

montre (f)	**rokas pulkstenis** (v)	[rɔkas pulkstenis]
cadran (m)	**ciparnīca** (s)	[tsiparni:tsa]
aiguille (f)	**bultiņa** (s)	[bultiɲa]
bracelet (m)	**metāla siksniņa** (s)	[mɛta:la siksniɲa]
bracelet (m) (en cuir)	**siksniņa** (s)	[siksniɲa]

pile (f)	**baterija** (s)	[baterija]
être déchargé	**izlādēties**	[izla:de:tiɛs]
changer de pile	**nomainīt bateriju**	[nɔmaini:t bateriju]
avancer (vi)	**steigties**	[stɛigtiɛs]
retarder (vi)	**atpalikt**	[atpalikt]

pendule (f)	**sienas pulkstenis** (v)	[siɛnas pulkstenis]
sablier (m)	**smilšu pulkstenis** (v)	[smilʃu pulkstenis]
cadran (m) solaire	**saules pulkstenis** (v)	[saules pulkstenis]

réveil (m)   **modinātājs** (v)   [mɔdinaːtaːjs]
horloger (m)   **pulksteņmeistars** (v)   [pulksteɲmɛistars]
réparer (vt)   **remontēt**   [remɔnteːt]

L'EXPÉRIENCE QUOTIDIENNE

41. L'argent
42. La poste. Les services postaux
43. Les opérations bancaires
44. Le téléphone. La conversation
    téléphonique
45. Le téléphone portable
46. La papeterie
47. Les langues étrangères

T&P Books Publishing

argent (m)	nauda (s)	[nauda]
échange (m)	maiņa (s)	[maiɲa]
cours (m) de change	kurss (v)	[kurs]
distributeur (m)	bankomāts (v)	[bankɔma:ts]
monnaie (f)	monēta (s)	[mɔnɛ:ta]
dollar (m)	dolārs (v)	[dɔla:rs]
euro (m)	eiro (v)	[ɛirɔ]
lire (f)	lira (s)	[lira]
mark (m) allemand	marka (s)	[marka]
franc (m)	franks (v)	[franks]
livre sterling (f)	sterliņu mārciņa (s)	[sterliɲu ma:rtsiɲa]
yen (m)	jena (s)	[jena]
dette (f)	parāds (v)	[para:ds]
débiteur (m)	parādnieks (v)	[para:dniɛks]
prêter (vt)	aizdot	[aizdɔt]
emprunter (vt)	aizņemties	[aizɲemtiɛs]
banque (f)	banka (s)	[banka]
compte (m)	konts (v)	[kɔnts]
verser (dans le compte)	noguldīt	[nɔguldi:t]
verser dans le compte	noguldīt kontā	[nɔguldi:t kɔnta:]
retirer du compte	izņemt no konta	[izɲemt nɔ kɔnta]
carte (f) de crédit	kredītkarte (s)	[kredi:tkarte]
espèces (f pl)	skaidra nauda (v)	[skaidra nauda]
chèque (m)	čeks (v)	[tʃeks]
faire un chèque	izrakstīt čeku	[izraksti:t tʃeku]
chéquier (m)	čeku grāmatiņa (s)	[tʃeku gra:matiɲa]
portefeuille (m)	maks (v)	[maks]
bourse (f)	maks (v)	[maks]
coffre fort (m)	seifs (v)	[sɛifs]
héritier (m)	mantinieks (v)	[mantiniɛks]
héritage (m)	mantojums (v)	[mantɔjums]
fortune (f)	mantība (s)	[manti:ba]
location (f)	rentēšana (s)	[rente:ʃana]
loyer (m) (argent)	īres maksa (s)	[i:res maksa]
louer (prendre en location)	īrēt	[i:re:t]
prix (m)	cena (s)	[tsɛna]

| coût (m) | vērtība (s) | [ve:rti:ba] |
| somme (f) | summa (s) | [summa] |

dépenser (vt)	tērēt	[tɛ:re:t]
dépenses (f pl)	izdevumi (v dsk)	[izdɛvumi]
économiser (vt)	taupīt	[taupi:t]
économe (adj)	taupīgs	[taupi:gs]

payer (régler)	maksāt	[maksa:t]
paiement (m)	samaksa (s)	[samaksa]
monnaie (f) (rendre la ~)	atlikums (v)	[atlikums]

impôt (m)	nodoklis (v)	[nɔdɔklis]
amende (f)	sods (v)	[sɔds]
mettre une amende	uzlikt naudas sodu	[uzlikt naudas sɔdu]

42. La poste. Les services postaux

poste (f)	pasts (v)	[pasts]
courrier (m) (lettres, etc.)	pasts (v)	[pasts]
facteur (m)	pastnieks (v)	[pastniɛks]
heures (f pl) d'ouverture	darba laiks (v)	[darba laiks]

lettre (f)	vēstule (s)	[ve:stule]
recommandé (m)	ierakstīta vēstule (s)	[iɛraksti:ta ve:stule]
carte (f) postale	pastkarte (s)	[pastkarte]
télégramme (m)	telegramma (s)	[tɛlegramma]
colis (m)	sūtījums (v)	[su:ti:jums]
mandat (m) postal	naudas pārvedums (v)	[naudas pa:rvɛdums]

recevoir (vt)	saņemt	[saɲemt]
envoyer (vt)	nosūtīt	[nɔsu:ti:t]
envoi (m)	aizsūtīšana (s)	[aizsu:ti:ʃana]
adresse (f)	adrese (s)	[adrɛse]
code (m) postal	indekss (v)	[indeks]
expéditeur (m)	sūtītājs (v)	[su:ti:ta:js]
destinataire (m)	saņēmējs (v)	[saɲɛ:me:js]

| prénom (m) | vārds (v) | [va:rds] |
| nom (m) de famille | uzvārds (v) | [uzva:rds] |

tarif (m)	tarifs (v)	[tarifs]
normal (adj)	parasts	[parasts]
économique (adj)	ekonomisks	[ekɔnɔmisks]

poids (m)	svars (v)	[svars]
peser (~ les lettres)	svērt	[sve:rt]
enveloppe (f)	aploksne (s)	[aplɔksne]
timbre (m)	marka (s)	[marka]
timbrer (vt)	uzlīmēt marku	[uzli:me:t marku]

43. Les opérations bancaires

banque (f)	**banka** (s)	[banka]
agence (f) bancaire	**nodaļa** (s)	[nɔdalʲa]
conseiller (m)	**konsultants** (v)	[kɔnsultants]
gérant (m)	**pārvaldnieks** (v)	[pa:rvaldniɛks]
compte (m)	**konts** (v)	[kɔnts]
numéro (m) du compte	**konta numurs** (v)	[kɔnta numurs]
compte (m) courant	**tekošais konts** (v)	[tekɔʃais kɔnts]
compte (m) sur livret	**iekrājumu konts** (v)	[iɛkra:jumu kɔnts]
ouvrir un compte	**atvērt kontu**	[atve:rt kɔntu]
clôturer le compte	**aizvērt kontu**	[aizve:rt kɔntu]
verser dans le compte	**nolikt kontā**	[nɔlikt kɔnta:]
retirer du compte	**izņemt no konta**	[izɲemt nɔ kɔnta]
dépôt (m)	**ieguldījums** (v)	[iɛguldi:jums]
faire un dépôt	**veikt ieguldījumu**	[vɛikt iɛguldi:jumu]
virement (m) bancaire	**pārskaitījums** (v)	[pa:rskaiti:jums]
faire un transfert	**pārskaitīt**	[pa:rskaiti:t]
somme (f)	**summa** (s)	[summa]
Combien?	**Cik?**	[tsik?]
signature (f)	**paraksts** (v)	[paraksts]
signer (vt)	**parakstīt**	[paraksti:t]
carte (f) de crédit	**kredītkarte** (s)	[kredi:tkarte]
code (m)	**kods** (v)	[kɔds]
numéro (m) de carte de crédit	**kredītkartes numurs** (v)	[kredi:tkartes numurs]
distributeur (m)	**bankomāts** (v)	[bankɔma:ts]
chèque (m)	**čeks** (v)	[tʃeks]
faire un chèque	**izrakstīt čeku**	[izraksti:t tʃɛku]
chéquier (m)	**čeku grāmatiņa** (s)	[tʃɛku gra:matiɲa]
crédit (m)	**kredīts** (v)	[kredi:ts]
demander un crédit	**griezties pēc kredīta**	[griɛzties pe:ts kredi:ta]
prendre un crédit	**ņemt kredītu**	[ɲemt kredi:tu]
accorder un crédit	**dot kredītu**	[dɔt kredi:tu]
gage (m)	**garantija** (s)	[garantija]

44. Le téléphone. La conversation téléphonique

téléphone (m)	**tālrunis** (v)	[ta:lrunis]
portable (m)	**mobilais tālrunis** (v)	[mɔbilais ta:lrunis]

répondeur (m)	autoatbildētājs (v)	[autɔatbildɛ:ta:js]
téléphoner, appeler	zvanīt	[zvani:t]
appel (m)	zvans (v)	[zvans]

composer le numéro	uzgriezt telefona numuru	[uzgriɛzt tɛlefɔna numuru]
Allô!	Hallo!	[xallɔ!]
demander (~ l'heure)	pajautāt	[pajauta:t]
répondre (vi, vt)	atbildēt	[atbilde:t]

entendre (bruit, etc.)	dzirdēt	[dzirde:t]
bien (adv)	labi	[labi]
mal (adv)	slikti	[slikti]
bruits (m pl)	traucējumi (v dsk)	[trautse:jumi]

récepteur (m)	klausule (s)	[klausule]
décrocher (vt)	noņemt klausuli	[nɔŋemt klausuli]
raccrocher (vi)	nolikt klausuli	[nɔlikt klausuli]

occupé (adj)	aizņemts	[aizŋemts]
sonner (vi)	zvanīt	[zvani:t]
carnet (m) de téléphone	telefona grāmata (s)	[tɛlefɔna gra:mata]

local (adj)	vietējais	[viɛte:jais]
appel (m) local	vietējais zvans (v)	[viɛte:jais zvans]
interurbain (adj)	starppilsētu	[starppilsɛ:tu]
appel (m) interurbain	starppilsētu zvans (v)	[starppilsɛ:tu zvans]
international (adj)	starptautiskais	[starptautiskais]
appel (m) international	starptautiskais zvans (v)	[starptautiskais zvans]

45. Le téléphone portable

portable (m)	mobilais tālrunis (v)	[mɔbilais ta:lrunis]
écran (m)	displejs (v)	[displejs]
bouton (m)	poga (s)	[pɔga]
carte SIM (f)	SIM-karte (s)	[sim-karte]

pile (f)	baterija (s)	[baterija]
être déchargé	izlādēties	[izla:de:tiɛs]
chargeur (m)	uzlādes ierīce (s)	[uzla:des iɛri:tse]

menu (m)	izvēlne (s)	[izve:lne]
réglages (m pl)	uzstādījumi (v dsk)	[uzsta:di:jumi]
mélodie (f)	melodija (s)	[melɔdija]
sélectionner (vt)	izvēlēties	[izvɛ:le:tiɛs]

calculatrice (f)	kalkulators (v)	[kalkulatɔrs]
répondeur (m)	autoatbildētājs (v)	[autɔatbildɛ:ta:js]
réveil (m)	modinātājs (v)	[mɔdina:ta:js]
contacts (m pl)	telefona grāmata (s)	[tɛlefɔna gra:mata]

SMS (m)	**SMS-ziņa** (s)	[sms-ziɲa]
abonné (m)	**abonents** (v)	[abɔnents]

46. La papeterie

stylo (m) à bille	**lodīšu pildspalva** (s)	[lɔdi:ʃu pildspalva]
stylo (m) à plume	**spalvaskāts** (v)	[spalvaska:ts]
crayon (m)	**zīmulis** (v)	[zi:mulis]
marqueur (m)	**marķieris** (v)	[martʲiɛris]
feutre (m)	**flomasteris** (v)	[flɔmasteris]
bloc-notes (m)	**bloknots** (v)	[blɔknɔts]
agenda (m)	**dienasgrāmata** (s)	[diɛnasgra:mata]
règle (f)	**lineāls** (v)	[linea:ls]
calculatrice (f)	**kalkulators** (v)	[kalkulatɔrs]
gomme (f)	**dzēšgumija** (s)	[dze:ʃgumija]
punaise (f)	**piespraude** (s)	[piɛspraude]
trombone (m)	**saspraude** (s)	[saspraude]
colle (f)	**līme** (s)	[li:me]
agrafeuse (f)	**skavotājs** (v)	[skavɔta:js]
perforateur (m)	**caurumotājs** (v)	[tsaurumɔta:js]
taille-crayon (m)	**zīmuļu asināmais** (v)	[zi:muļu asina:mais]

47. Les langues étrangères

langue (f)	**valoda** (s)	[valɔda]
étranger (adj)	**svešs**	[sveʃs]
langue (f) étrangère	**svešvaloda** (s)	[sveʃvalɔda]
étudier (vt)	**pētīt**	[pe:ti:t]
apprendre (~ l'arabe)	**mācīties**	[ma:tsi:tiɛs]
lire (vi, vt)	**lasīt**	[lasi:t]
parler (vi, vt)	**runāt**	[runa:t]
comprendre (vt)	**saprast**	[saprast]
écrire (vt)	**rakstīt**	[raksti:t]
vite (adv)	**ātri**	[a:tri]
lentement (adv)	**lēni**	[le:ni]
couramment (adv)	**brīvi**	[bri:vi]
règles (f pl)	**noteikumi** (v dsk)	[nɔtɛikumi]
grammaire (f)	**gramatika** (s)	[gramatika]
vocabulaire (m)	**leksika** (s)	[leksika]
phonétique (f)	**fonētika** (s)	[fɔne:tika]
manuel (m)	**mācību grāmata** (s)	[ma:tsi:bu gra:mata]

dictionnaire (m)	vārdnīca (s)	[vaːrdniːtsa]
manuel (m) autodidacte	pašmācības grāmata (s)	[paʃmaːtsiːbas graːmata]
guide (m) de conversation	sarunvārdnīca (s)	[sarunvaːrdniːtsa]

cassette (f)	kasete (s)	[kasɛte]
cassette (f) vidéo	videokasete (s)	[videɔkasɛte]
CD (m)	kompaktdisks (v)	[kɔmpaktdisks]
DVD (m)	DVD (v)	[dvd]

alphabet (m)	alfabēts (v)	[alfabeːts]
épeler (vt)	izrunāt pa burtiem	[izrunaːt pa burtiɛm]
prononciation (f)	izruna (s)	[izruna]

accent (m)	akcents (v)	[aktsents]
avec un accent	ar akcentu	[ar aktsentu]
sans accent	bez akcenta	[bez aktsenta]

| mot (m) | vārds (v) | [vaːrds] |
| sens (m) | nozīme (s) | [nɔziːme] |

cours (m pl)	kursi (v dsk)	[kursi]
s'inscrire (vp)	pierakstīties	[piɛrakstiːtiɛs]
professeur (m) (~ d'anglais)	pasniedzējs (v)	[pasniɛdzeːjs]

traduction (f) (action)	tulkošana (s)	[tulkɔʃana]
traduction (f) (texte)	tulkojums (v)	[tulkɔjums]
traducteur (m)	tulks (v)	[tulks]
interprète (m)	tulks (v)	[tulks]

| polyglotte (m) | poliglots (v) | [pɔliglɔts] |
| mémoire (f) | atmiņa (s) | [atmiɲa] |

LES REPAS.
LE RESTAURANT

48. Le dressage de la table
49. Le restaurant
50. Les repas
51. Les plats cuisinés
52. Les aliments
53. Les boissons
54. Les légumes
55. Les fruits. Les noix
56. Le pain. Les confiseries
57. Les épices

48. Le dressage de la table

cuillère (f)	karote (s)	[karɔte]
couteau (m)	nazis (v)	[nazis]
fourchette (f)	dakša (s)	[dakʃa]

tasse (f)	tase (s)	[tase]
assiette (f)	šķīvis (v)	[ʃtʲiːvis]
soucoupe (f)	apakštase (s)	[apakʃtase]
serviette (f)	salvete (s)	[salvɛte]
cure-dent (m)	zobu bakstāmais (v)	[zɔbu bakstaːmais]

49. Le restaurant

restaurant (m)	restorāns (v)	[restɔraːns]
salon (m) de café	kafejnīca (s)	[kafejniːtsa]
bar (m)	bārs (v)	[baːrs]
salon (m) de thé	tēju nams (v)	[teːju nams]

serveur (m)	oficiants (v)	[ɔfitsiants]
serveuse (f)	oficiante (s)	[ɔfitsiante]
barman (m)	bārmenis (v)	[baːrmenis]

carte (f)	ēdienkarte (s)	[eːdiɛnkarte]
carte (f) des vins	vīnu karte (s)	[viːnu karte]
réserver une table	rezervēt galdiņu	[rɛzerveːt galdiɲu]
plat (m)	ēdiens (v)	[eːdiɛns]
commander (vt)	pasūtīt	[pasuːtiːt]
faire la commande	pasūtīt	[pasuːtiːt]

apéritif (m)	aperitīvs (v)	[aperitiːvs]
hors-d'œuvre (m)	uzkožamais (v)	[uzkɔʒamais]
dessert (m)	deserts (v)	[dɛserts]
addition (f)	rēķins (v)	[reːtʲins]
régler l'addition	samaksāt rēķinu	[samaksaːt reːtʲinu]
rendre la monnaie	iedot atlikumu	[iɛdɔt atlikumu]
pourboire (m)	dzeramnauda (s)	[dzɛramnauda]

50. Les repas

| nourriture (f) | ēdiens (v) | [eːdiɛns] |
| manger (vi, vt) | ēst | [ɛːst] |

138

petit déjeuner (m)	**brokastis** (s dsk)	[brɔkastis]
prendre le petit déjeuner	**brokastot**	[brɔkastɔt]
déjeuner (m)	**pusdienas** (s dsk)	[pusdiɛnas]
déjeuner (vi)	**pusdienot**	[pusdiɛnɔt]
dîner (m)	**vakariņas** (s dsk)	[vakariņas]
dîner (vi)	**vakariņot**	[vakariɲɔt]

appétit (m)	**apetīte** (s)	[apeti:te]
Bon appétit!	**Labu apetīti!**	[labu apeti:ti!]

ouvrir (vt)	**atvērt**	[atve:rt]
renverser (liquide)	**izliet**	[izliɛt]
se renverser (liquide)	**izlieties**	[izliɛtiɛs]

bouillir (vi)	**vārīties**	[va:ri:tiɛs]
faire bouillir	**vārīt**	[va:ri:t]
bouilli (l'eau ~e)	**vārīts**	[va:ri:ts]
refroidir (vt)	**atdzesēt**	[atdzɛse:t]
se refroidir (vp)	**atdzesēties**	[atdzɛse:tiɛs]

goût (m)	**garša** (s)	[garʃa]
arrière-goût (m)	**piegarša** (s)	[piɛgarʃa]

suivre un régime	**tievēt**	[tiɛve:t]
régime (m)	**diēta** (s)	[diɛ:ta]
vitamine (f)	**vitamīns** (v)	[vitami:ns]
calorie (f)	**kalorija** (s)	[kalɔrija]
végétarien (m)	**veģetārietis** (v)	[vɛdʲɛta:riɛtis]
végétarien (adj)	**veģetāriešu**	[vɛdʲɛta:riɛʃu]

lipides (m pl)	**tauki** (v dsk)	[tauki]
protéines (f pl)	**olbaltumvielas** (s dsk)	[ɔlbaltumviɛlas]
glucides (m pl)	**ogļhidrāti** (v dsk)	[ɔglʲxidra:ti]
tranche (f)	**šķēlīte** (s)	[ʃtʲe:li:te]
morceau (m)	**gabals** (v)	[gabals]
miette (f)	**gabaliņš** (v)	[gabaliɲʃ]

51. Les plats cuisinés

plat (m)	**ēdiens** (v)	[e:diɛns]
cuisine (f)	**virtuve** (s)	[virtuve]
recette (f)	**recepte** (s)	[retsepte]
portion (f)	**porcija** (s)	[pɔrtsija]

salade (f)	**salāti** (v dsk)	[sala:ti]
soupe (f)	**zupa** (s)	[zupa]

bouillon (m)	**buljons** (v)	[buljɔns]
sandwich (m)	**sviestmaize** (s)	[sviɛstmaize]
les œufs brouillés	**ceptas olas** (s dsk)	[tseptas ɔlas]

hamburger (m)	hamburgers (v)	[xamburgɛrs]
steak (m)	bifšteks (v)	[bifʃteks]

garniture (f)	piedeva (s)	[piɛdɛva]
spaghettis (m pl)	spageti (v dsk)	[spageti]
purée (f)	kartupeļu biezenis (v)	[kartupɛlʲu biɛzenis]
pizza (f)	pica (s)	[pitsa]
bouillie (f)	biezputra (s)	[biɛzputra]
omelette (f)	omlete (s)	[ɔmlɛte]

cuit à l'eau (adj)	vārīts	[va:ri:ts]
fumé (adj)	kūpināts	[ku:pina:ts]
frit (adj)	cepts	[tsepts]
sec (adj)	žāvēts	[ʒa:ve:ts]
congelé (adj)	sasaldēts	[sasalde:ts]
mariné (adj)	marinēts	[marine:ts]

sucré (adj)	salds	[salds]
salé (adj)	sāļš	[sa:lʲʃ]
froid (adj)	auksts	[auksts]
chaud (adj)	karsts	[karsts]
amer (adj)	rūgts	[ru:gts]
bon (savoureux)	garšīgs	[garʃi:gs]

cuire à l'eau	vārīt	[va:ri:t]
préparer (le dîner)	gatavot	[gatavɔt]
faire frire	cept	[tsept]
réchauffer (vt)	uzsildīt	[uzsildi:t]

saler (vt)	piebērt sāli	[piɛbe:rt sa:li]
poivrer (vt)	piparot	[piparɔt]
râper (vt)	rīvēt	[ri:ve:t]
peau (f)	miza (s)	[miza]
éplucher (vt)	mizot	[mizɔt]

52. Les aliments

viande (f)	gaļa (s)	[galʲa]
poulet (m)	vista (s)	[vista]
poulet (m) (poussin)	cālis (v)	[tsa:lis]
canard (m)	pīle (s)	[pi:le]
oie (f)	zoss (s)	[zɔs]
gibier (m)	medījums (v)	[medi:jums]
dinde (f)	tītars (v)	[ti:tars]

du porc	cūkgaļa (s)	[tsu:kgalʲa]
du veau	teļa gaļa (s)	[tɛlʲa galʲa]
du mouton	jēra gaļa (s)	[je:ra galʲa]
du bœuf	liellopu gaļa (s)	[liɛllɔpu galʲa]
lapin (m)	trusis (v)	[trusis]

saucisson (m)	desa (s)	[dɛsa]
saucisse (f)	cīsiņš (v)	[tsi:siɲʃ]
bacon (m)	bekons (v)	[bekɔns]
jambon (m)	šķiņķis (v)	[ʃtʲiɲtʲis]
cuisse (f)	šķiņķis (v)	[ʃtʲiɲtʲis]

pâté (m)	pastēte (s)	[pastɛ:te]
foie (m)	aknas (s dsk)	[aknas]
farce (f)	malta gaļa (s)	[malta galʲa]
langue (f)	mēle (s)	[mɛ:le]

œuf (m)	ola (s)	[ɔla]
les œufs	olas (s dsk)	[ɔlas]
blanc (m) d'œuf	baltums (v)	[baltums]
jaune (m) d'œuf	dzeltenums (v)	[dzeltenums]

poisson (m)	zivs (s)	[zivs]
fruits (m pl) de mer	jūras produkti (v dsk)	[ju:ras prɔdukti]
crustacés (m pl)	vēžveidīgie (v dsk)	[ve:ʒvɛidi:giɛ]
caviar (m)	ikri (v dsk)	[ikri]

crabe (m)	krabis (v)	[krabis]
crevette (f)	garnele (s)	[garnɛle]
huître (f)	austere (s)	[austɛre]
langoustine (f)	langusts (v)	[laŋgusts]
poulpe (m)	astoņkājis (v)	[astɔŋka:jis]
calamar (m)	kalmārs (v)	[kalma:rs]

esturgeon (m)	store (s)	[stɔre]
saumon (m)	lasis (v)	[lasis]
flétan (m)	āte (s)	[a:te]

morue (f)	menca (s)	[mentsa]
maquereau (m)	skumbrija (s)	[skumbrija]
thon (m)	tuncis (v)	[tuntsis]
anguille (f)	zutis (v)	[zutis]

truite (f)	forele (s)	[fɔrɛle]
sardine (f)	sardīne (s)	[sardi:ne]
brochet (m)	līdaka (s)	[li:daka]
hareng (m)	siļķe (s)	[silʲtʲe]

pain (m)	maize (s)	[maize]
fromage (m)	siers (v)	[siɛrs]
sucre (m)	cukurs (v)	[tsukurs]
sel (m)	sāls (v)	[sa:ls]

riz (m)	rīsi (v dsk)	[ri:si]
pâtes (m pl)	makaroni (v dsk)	[makarɔni]
nouilles (f pl)	nūdeles (s dsk)	[nu:dɛles]
beurre (m)	sviests (v)	[sviɛsts]
huile (f) végétale	augu eļļa (s)	[augu ellʲa]

huile (f) de tournesol	saulespuķu eļļa (s)	[saulesput'u ell'a]
margarine (f)	margarīns (v)	[margari:ns]

olives (f pl)	olīvas (s dsk)	[ɔli:vas]
huile (f) d'olive	olīveļļa (s)	[ɔli:vell'a]

lait (m)	piens (v)	[piɛns]
lait (m) condensé	kondensētais piens (v)	[kɔndensɛ:tais piɛns]
yogourt (m)	jogurts (v)	[jɔgurts]
crème (f) aigre	krējums (v)	[kre:jums]
crème (f) (de lait)	salds krējums (v)	[salds kre:jums]

sauce (f) mayonnaise	majonēze (s)	[majɔnɛ:ze]
crème (f) au beurre	krēms (v)	[kre:ms]

gruau (m)	putraimi (v dsk)	[putraimi]
farine (f)	milti (v dsk)	[milti]
conserves (f pl)	konservi (v dsk)	[kɔnservi]

pétales (m pl) de maïs	kukurūzas pārslas (s dsk)	[kukuru:zas pa:rslas]
miel (m)	medus (v)	[mɛdus]
confiture (f)	džems, ievārījums (v)	[dʒems], [iɛva:ri:jums]
gomme (f) à mâcher	košļājamā gumija (s)	[kɔʃl'a:jama: gumija]

53. Les boissons

eau (f)	ūdens (v)	[u:dens]
eau (f) potable	dzeramais ūdens (v)	[dzɛramais u:dens]
eau (f) minérale	minerālūdens (v)	[minɛra:lu:dens]

plate (adj)	negāzēts	[nɛga:ze:ts]
gazeuse (l'eau ~)	gāzēts	[ga:ze:ts]
pétillante (adj)	dzirkstošs	[dzirkstɔʃs]
glace (f)	ledus (v)	[lɛdus]
avec de la glace	ar ledu	[ar lɛdu]

sans alcool	bezalkoholisks	[bɛzalkɔxɔlisks]
boisson (f) non alcoolisée	bezalkoholiskais dzēriens (v)	[bɛzalkɔxɔliskais dze:riɛns]
rafraîchissement (m)	atspirdzinošs dzēriens (v)	[atspirdzinɔʃs dze:riɛns]
limonade (f)	limonāde (s)	[limɔna:de]

boissons (f pl) alcoolisées	alkoholiskie dzērieni (v dsk)	[alkɔxɔliskiɛ dze:riɛni]
vin (m)	vīns (v)	[vi:ns]
vin (m) blanc	baltvīns (v)	[baltvi:ns]
vin (m) rouge	sarkanvīns (v)	[sarkanvi:ns]
liqueur (f)	liķieris (v)	[lit'iɛris]
champagne (m)	šampanietis (v)	[ʃampaniɛtis]

vermouth (m)	**vermuts** (v)	[vermuts]
whisky (m)	**viskijs** (v)	[viskijs]
vodka (f)	**degvīns** (v)	[degviːns]
gin (m)	**džins** (v)	[dʒins]
cognac (m)	**konjaks** (v)	[konjaks]
rhum (m)	**rums** (v)	[rums]
café (m)	**kafija** (s)	[kafija]
café (m) noir	**melnā kafija** (s)	[melna: kafija]
café (m) au lait	**kafija** (s) **ar pienu**	[kafija ar piɛnu]
cappuccino (m)	**kapučīno** (v)	[kaputʃiːnɔ]
café (m) soluble	**šķīstošā kafija** (s)	[ʃtʲiːstɔʃa: kafija]
lait (m)	**piens** (v)	[piɛns]
cocktail (m)	**kokteilis** (v)	[kɔktɛilis]
cocktail (m) au lait	**piena kokteilis** (v)	[piɛna kɔktɛilis]
jus (m)	**sula** (s)	[sula]
jus (m) de tomate	**tomātu sula** (s)	[tɔmaːtu sula]
jus (m) d'orange	**apelsīnu sula** (s)	[apɛlsiːnu sula]
jus (m) pressé	**svaigi spiesta sula** (s)	[svaigi spiɛsta sula]
bière (f)	**alus** (v)	[alus]
bière (f) blonde	**gaišais alus** (v)	[gaiʃais alus]
bière (f) brune	**tumšais alus** (v)	[tumʃais alus]
thé (m)	**tēja** (s)	[te:ja]
thé (m) noir	**melnā tēja** (s)	[melna: te:ja]
thé (m) vert	**zaļā tēja** (s)	[zalʲa: te:ja]

54. Les légumes

légumes (m pl)	**dārzeņi** (v dsk)	[da:rzeɲi]
verdure (f)	**zaļumi** (v dsk)	[zalʲumi]
tomate (f)	**tomāts** (v)	[tɔma:ts]
concombre (m)	**gurķis** (v)	[gurtʲis]
carotte (f)	**burkāns** (v)	[burka:ns]
pomme (f) de terre	**kartupelis** (v)	[kartupelis]
oignon (m)	**sīpols** (v)	[si:pɔls]
ail (m)	**ķiploks** (v)	[tʲiplɔks]
chou (m)	**kāposti** (v dsk)	[ka:pɔsti]
chou-fleur (m)	**puķkāposti** (v dsk)	[putʲka:pɔsti]
chou (m) de Bruxelles	**Briseles kāposti** (v dsk)	[brisɛles ka:pɔsti]
brocoli (m)	**brokolis** (v)	[brɔkɔlis]
betterave (f)	**biete** (s)	[biɛte]
aubergine (f)	**baklažāns** (v)	[baklaʒa:ns]
courgette (f)	**kabacis** (v)	[kabatsis]

potiron (m)	ķirbis (v)	[tʲirbis]
navet (m)	rācenis (v)	[ra:tsenis]

persil (m)	pētersīlis (v)	[pɛ:tɛrsi:lis]
fenouil (m)	dilles (s dsk)	[dilles]
laitue (f) (salade)	dārza salāti (v dsk)	[da:rza sala:ti]
céleri (m)	selerija (s)	[sɛlerija]
asperge (f)	sparģelis (v)	[spardʲelis]
épinard (m)	spināti (v dsk)	[spina:ti]

pois (m)	zirnis (v)	[zirnis]
fèves (f pl)	pupas (s dsk)	[pupas]
maïs (m)	kukurūza (s)	[kukuru:za]
haricot (m)	pupiņas (s dsk)	[pupiɲas]

poivron (m)	graudu pipars (v)	[graudu pipars]
radis (m)	redīss (v)	[redi:s]
artichaut (m)	artišoks (v)	[artiʃɔks]

55. Les fruits. Les noix

fruit (m)	auglis (v)	[auglis]
pomme (f)	ābols (v)	[a:bɔls]
poire (f)	bumbieris (v)	[bumbiɛris]
citron (m)	citrons (v)	[tsitrɔns]
orange (f)	apelsīns (v)	[apɛlsi:ns]
fraise (f)	zemene (s)	[zɛmɛne]

mandarine (f)	mandarīns (v)	[mandari:ns]
prune (f)	plūme (s)	[plu:me]
pêche (f)	persiks (v)	[pɛrsiks]
abricot (m)	aprikoze (s)	[aprikɔze]
framboise (f)	avene (s)	[avɛne]
ananas (m)	ananāss (v)	[anana:s]

banane (f)	banāns (v)	[bana:ns]
pastèque (f)	arbūzs (v)	[arbu:zs]
raisin (m)	vīnoga (s)	[vi:nɔga]
cerise (f)	skābais ķirsis (v)	[ska:bais tʲirsis]
merise (f)	saldais ķirsis (v)	[saldais tʲirsis]
melon (m)	melone (s)	[melɔne]

pamplemousse (m)	greipfrūts (v)	[grɛipfru:ts]
avocat (m)	avokado (v)	[avɔkadɔ]
papaye (f)	papaija (s)	[papaija]
mangue (f)	mango (v)	[maŋgɔ]
grenade (f)	granātābols (v)	[grana:ta:bɔls]

groseille (f) rouge	sarkanā jāņoga (s)	[sarkana: ja:ɲɔga]
cassis (m)	upene (s)	[upɛne]

groseille (f) verte	ērkšķoga (s)	[e:rkʃtʲɔga]
myrtille (f)	mellene (s)	[mellɛne]
mûre (f)	kazene (s)	[kazɛne]

raisin (m) sec	rozīne (s)	[rɔzi:ne]
figue (f)	vīģe (s)	[vi:dʲe]
datte (f)	datele (s)	[datɛle]

cacahuète (f)	zemesrieksts (v)	[zɛmesriɛksts]
amande (f)	mandeles (s dsk)	[mandɛles]
noix (f)	valrieksts (v)	[valriɛksts]
noisette (f)	lazdu rieksts (v)	[lazdu riɛksts]
noix (f) de coco	kokosrieksts (v)	[kɔkɔsriɛksts]
pistaches (f pl)	pistācijas (s dsk)	[pista:tsijas]

56. Le pain. Les confiseries

confiserie (f)	konditorejas izstrādājumi (v dsk)	[kɔndltɔrejas izstra:da:jumi]
pain (m)	maize (s)	[maize]
biscuit (m)	cepumi (v dsk)	[tsɛpumi]

chocolat (m)	šokolāde (s)	[ʃɔkɔla:de]
en chocolat (adj)	šokolādes	[ʃɔkɔla:des]
bonbon (m)	konfekte (s)	[kɔnfekte]
gâteau (m), pâtisserie (f)	kūka (s)	[ku:ka]
tarte (f)	torte (s)	[tɔrte]

| gâteau (m) | pīrāgs (v) | [pi:ra:gs] |
| garniture (f) | pildījums (v) | [pildi:jums] |

confiture (f)	ievārījums (v)	[iɛva:ri:jums]
marmelade (f)	marmelāde (s)	[marmɛla:de]
gaufre (f)	vafeles (s dsk)	[vafɛles]
glace (f)	saldējums (v)	[salde:jums]
pudding (m)	pudiņš (v)	[pudiɲʃ]

57. Les épices

sel (m)	sāls (v)	[sa:ls]
salé (adj)	sāļš	[sa:lʲʃ]
saler (vt)	piebērt sāli	[piɛbe:rt sa:li]

poivre (m) noir	melnie pipari (v dsk)	[melniɛ pipari]
poivre (m) rouge	paprika (s)	[paprika]
moutarde (f)	sinepes (s dsk)	[sinɛpes]
raifort (m)	mārrutki (v dsk)	[ma:rrutki]
condiment (m)	piedeva (s)	[piɛdɛva]

épice (f)	garšviela (s)	[garʃviɛla]
sauce (f)	mērce (s)	[me:rtse]
vinaigre (m)	etiķis (v)	[ɛtitʲis]

anis (m)	anīss (v)	[ani:s]
basilic (m)	baziliks (v)	[baziliks]
clou (m) de girofle	krustnagliņas (s dsk)	[krustnagliɲas]
gingembre (m)	ingvers (v)	[iŋgvɛrs]
coriandre (m)	koriandrs (v)	[kɔriandrs]
cannelle (f)	kanēlis (v)	[kane:lis]

sésame (m)	sezams (v)	[sɛzams]
feuille (f) de laurier	lauru lapa (s)	[lauru lapa]
paprika (m)	paprika (s)	[paprika]
cumin (m)	ķimenes (s dsk)	[tʲimɛnes]
safran (m)	safrāns (v)	[safra:ns]

BOOKS

LES DONNÉES PERSONNELLES.
LA FAMILLE

58. Les données personnelles. Les formulaires
59. La famille. Les liens de parenté
60. Les amis. Les collègues

T&P Books Publishing

58. Les données personnelles. Les formulaires

prénom (m)	**vārds** (v)	[va:rds]
nom (m) de famille	**uzvārds** (v)	[uzva:rds]
date (f) de naissance	**dzimšanas datums** (v)	[dzimʃanas datums]
lieu (m) de naissance	**dzimšanas vieta** (s)	[dzimʃanas viɛta]
nationalité (f)	**tautība** (s)	[tauti:ba]
domicile (m)	**dzīves vieta** (s)	[dzi:ves viɛta]
pays (m)	**valsts** (s)	[valsts]
profession (f)	**profesija** (s)	[prɔfesija]
sexe (m)	**dzimums** (v)	[dzimums]
taille (f)	**augums** (v)	[augums]
poids (m)	**svars** (v)	[svars]

59. La famille. Les liens de parenté

mère (f)	**māte** (s)	[ma:te]
père (m)	**tēvs** (v)	[te:vs]
fils (m)	**dēls** (v)	[dɛ:ls]
fille (f)	**meita** (s)	[mɛita]
fille (f) cadette	**jaunākā meita** (s)	[jauna:ka: mɛita]
fils (m) cadet	**jaunākais dēls** (v)	[jauna:kais dɛ:ls]
fille (f) aînée	**vecākā meita** (s)	[vetsa:ka: mɛita]
fils (m) aîné	**vecākais dēls** (v)	[vetsa:kais dɛ:ls]
frère (m)	**brālis** (v)	[bra:lis]
frère (m) aîné	**vecākais brālis** (v)	[vetsa:kais bra:lis]
frère (m) cadet	**jaunākais brālis** (v)	[jauna:kais bra:lis]
sœur (f)	**māsa** (s)	[ma:sa]
sœur (f) aînée	**vecākā māsa** (s)	[vetsa:ka: ma:sa]
sœur (f) cadette	**jaunākā māsa** (s)	[jauna:ka: ma:sa]
cousin (m)	**brālēns** (v)	[bra:le:ns]
cousine (f)	**māsīca** (s)	[ma:si:tsa]
maman (f)	**māmiņa** (s)	[ma:miɲa]
papa (m)	**tētis** (v)	[te:tis]
parents (m pl)	**vecāki** (v dsk)	[vetsa:ki]
enfant (m, f)	**bērns** (v)	[be:rns]
enfants (pl)	**bērni** (v dsk)	[be:rni]
grand-mère (f)	**vecmāmiņa** (s)	[vetsma:miɲa]
grand-père (m)	**vectēvs** (v)	[vetste:vs]

petit-fils (m)	**mazdēls** (v)	[mazdɛ:ls]
petite-fille (f)	**mazmeita** (s)	[mazmɛita]
petits-enfants (pl)	**mazbērni** (v dsk)	[mazbe:rni]

oncle (m)	**onkulis** (v)	[ɔnkulis]
tante (f)	**tante** (s)	[tante]
neveu (m)	**brāļadēls, māsasdēls** (v)	[bra:ļadɛ:ls], [ma:sasdɛ:ls]
nièce (f)	**brāļameita,**	[bra:ļamɛita],
	māsasmeita (s)	[ma:sasmɛita]

belle-mère (f)	**sievasmāte,**	[siɛvasma:te],
	vīramāte (s)	[vi:rama:te]
beau-père (m)	**sievastēvs, vīratēvs** (v)	[siɛvaste:vs], [vi:rate:vs]
gendre (m)	**znots** (v)	[znɔts]
belle-mère (f)	**pamāte** (s)	[pama:te]
beau-père (m)	**patēvs** (v)	[pate:vs]

nourrisson (m)	**krūts bērns** (v)	[kru:ts be:rns]
bébé (m)	**zīdainis** (v)	[zi:dainis]
petit (m)	**mazulis** (v)	[mazulis]

femme (f)	**sieva** (s)	[siɛva]
mari (m)	**vīrs** (v)	[vi:rs]
époux (m)	**dzīvesbiedrs** (v)	[dzi:vesbiɛdrs]
épouse (f)	**dzīvesbiedre** (s)	[dzi:vesbiɛdre]

marié (adj)	**precējies**	[pretse:jiɛs]
mariée (adj)	**precējusies**	[pretse:jusiɛs]
célibataire (adj)	**neprecējies**	[nepretse:jiɛs]
célibataire (m)	**vecpuisis** (v)	[vetspuisis]
divorcé (adj)	**šķīries**	[ʃķi:riɛs]
veuve (f)	**atraitne** (s)	[atraitne]
veuf (m)	**atraitnis** (v)	[atraitnis]

parent (m)	**radinieks** (v)	[radiniɛks]
parent (m) proche	**tuvs radinieks** (v)	[tuvs radiniɛks]
parent (m) éloigné	**tāls radinieks** (v)	[ta:ls radiniɛks]
parents (m pl)	**radi** (v dsk)	[radi]

orphelin (m)	**bārenis** (v)	[ba:renis]
orpheline (f)	**bārene** (s)	[ba:rɛne]
tuteur (m)	**aizbildnis** (v)	[aizbildnis]
adopter (un garçon)	**adoptēt zēnu**	[adɔpte:t zɛ:nu]
adopter (une fille)	**adoptēt meiteni**	[adɔpte:t mɛiteni]

60. Les amis. Les collègues

ami (m)	**draugs** (v)	[draugs]
amie (f)	**draudzene** (s)	[draudzɛne]
amitié (f)	**draudzība** (s)	[draudzi:ba]

être ami	**draudzēties**	[draudze:tiɛs]
copain (m)	**draugs** (v)	[draugs]
copine (f)	**draudzene** (s)	[draudzɛne]
partenaire (m)	**partneris** (v)	[partneris]

chef (m)	**šefs** (v)	[ʃefs]
supérieur (m)	**priekšnieks** (v)	[priɛkʃniɛks]
propriétaire (m)	**īpašnieks** (v)	[i:paʃniɛks]
subordonné (m)	**padotais** (v)	[padɔtais]
collègue (m, f)	**kolēģis** (v)	[kɔle:dⁱis]

connaissance (f)	**paziņa** (s, v)	[paziɲa]
compagnon (m) de route	**ceļabiedrs** (v)	[tsɛlⁱabiɛdrs]
copain (m) de classe	**klases biedrs** (v)	[klases biɛdrs]

voisin (m)	**kaimiņš** (v)	[kaimiɲʃ]
voisine (f)	**kaimiņiene** (s)	[kaimiɲiɛne]
voisins (m pl)	**kaimiņi** (v dsk)	[kaimiɲi]

LE CORPS HUMAIN.
LES MÉDICAMENTS

61. La tête
62. Le corps humain
63. Les maladies
64. Les symptômes. Le traitement. Partie 1
65. Les symptômes. Le traitement. Partie 2
66. Les symptômes. Le traitement. Partie 3
67. Les médicaments. Les accessoires

T&P Books Publishing

tête (f)	**galva** (s)	[galva]
visage (m)	**seja** (s)	[seja]
nez (m)	**deguns** (v)	[dɛguns]
bouche (f)	**mute** (s)	[mute]
œil (m)	**acs** (s)	[ats]
les yeux	**acis** (s dsk)	[atsis]
pupille (f)	**acs zīlīte** (s)	[ats zi:li:te]
sourcil (m)	**uzacs** (s)	[uzats]
cil (m)	**skropsta** (s)	[skrɔpsta]
paupière (f)	**plakstiņš** (v)	[plakstiɲʃ]
langue (f)	**mēle** (s)	[mɛ:le]
dent (f)	**zobs** (v)	[zɔbs]
lèvres (f pl)	**lūpas** (s dsk)	[lu:pas]
pommettes (f pl)	**vaigu kauli** (v dsk)	[vaigu kauli]
gencive (f)	**smaganas** (s dsk)	[smaganas]
palais (m)	**aukslējas** (s dsk)	[auksle:jas]
narines (f pl)	**nāsis** (s dsk)	[na:sis]
menton (m)	**zods** (v)	[zɔds]
mâchoire (f)	**žoklis** (v)	[ʒɔklis]
joue (f)	**vaigs** (v)	[vaigs]
front (m)	**piere** (s)	[piɛre]
tempe (f)	**deniņi** (v dsk)	[deniņi]
oreille (f)	**auss** (s)	[aus]
nuque (f)	**pakausis** (v)	[pakausis]
cou (m)	**kakls** (v)	[kakls]
gorge (f)	**rīkle** (s)	[ri:kle]
cheveux (m pl)	**mati** (v dsk)	[mati]
coiffure (f)	**frizūra** (s)	[frizu:ra]
coupe (f)	**matu griezums** (v)	[matu griɛzums]
perruque (f)	**parūka** (s)	[paru:ka]
moustache (f)	**ūsas** (s dsk)	[u:sas]
barbe (f)	**bārda** (s)	[ba:rda]
porter (~ la barbe)	**ir**	[ir]
tresse (f)	**bize** (s)	[bize]
favoris (m pl)	**vaigubārda** (s)	[vaiguba:rda]
roux (adj)	**ruds**	[ruds]
gris, grisonnant (adj)	**sirms**	[sirms]

chauve (adj)	**plikgalvains**	[plikgalvains]
calvitie (f)	**plika galva** (s)	[plika galva]
queue (f) de cheval	**zirgaste** (s)	[zirgaste]
frange (f)	**mati uz pieres** (v)	[mati uz piɛres]

62. Le corps humain

main (f)	**delna** (s)	[delna]
bras (m)	**roka** (s)	[rɔka]
doigt (m)	**pirksts** (v)	[pirksts]
orteil (m)	**kājas īkšķis** (v)	[ka:jas i:kʃtʲis]
pouce (m)	**īkšķis** (v)	[i:kʃtʲis]
petit doigt (m)	**mazais pirkstiņš** (v)	[mazais pirkstiɲʃ]
ongle (m)	**nags** (v)	[nags]
poing (m)	**dūre** (s)	[du:re]
paume (f)	**plauksta** (s)	[plauksta]
poignet (m)	**plakstas locītava** (s)	[plauksta lɔtsi:tava]
avant-bras (m)	**apakšdelms** (v)	[apakʃdelms]
coude (m)	**elkonis** (v)	[elkɔnis]
épaule (f)	**augšdelms** (v)	[augʃdelms]
jambe (f)	**kāja** (s)	[ka:ja]
pied (m)	**pēda** (s)	[pɛ:da]
genou (m)	**celis** (v)	[tselis]
mollet (m)	**apakšstilbs** (v)	[apakʃstilbs]
hanche (f)	**gurns** (v)	[gurns]
talon (m)	**papēdis** (v)	[pape:dis]
corps (m)	**ķermenis** (v)	[tʲermenis]
ventre (m)	**vēders** (v)	[vɛ:dɛrs]
poitrine (f)	**krūškurvis** (v)	[kru:ʃkurvis]
sein (m)	**krūts** (s)	[kru:ts]
côté (m)	**sāns** (v)	[sa:ns]
dos (m)	**mugura** (s)	[mugura]
reins (région lombaire)	**krusti** (v dsk)	[krusti]
taille (f) (~ de guêpe)	**viduklis** (v)	[viduklis]
nombril (m)	**naba** (s)	[naba]
fesses (f pl)	**gūžas** (s dsk)	[gu:ʒas]
derrière (m)	**dibens** (v)	[dibens]
grain (m) de beauté	**dzimumzīme** (s)	[dzimumzi:me]
tache (f) de vin	**dzimumzīme** (s)	[dzimumzi:me]
tatouage (m)	**tetovējums** (v)	[tetɔve:jums]
cicatrice (f)	**rēta** (s)	[rɛ:ta]

63. Les maladies

maladie (f)	slimība (s)	[slimi:ba]
être malade	slimot	[slimɔt]
santé (f)	veselība (s)	[vɛseli:ba]
rhume (m) (coryza)	iesnas (s dsk)	[iɛsnas]
angine (f)	angīna (s)	[aŋgi:na]
refroidissement (m)	saaukstēšanās (s)	[saaukste:ʃana:s]
prendre froid	saaukstēties	[saaukste:tiɛs]
bronchite (f)	bronhīts (v)	[brɔnxi:ts]
pneumonie (f)	plaušu karsonis (v)	[plauʃu karsɔnis]
grippe (f)	gripa (s)	[gripa]
myope (adj)	tuvredzīgs	[tuvredzi:gs]
presbyte (adj)	tālredzīgs	[ta:lredzi:gs]
strabisme (m)	šķielēšana (s)	[ʃtʲiɛle:ʃana]
strabique (adj)	šķielējošs	[ʃtʲiɛle:jɔʃs]
cataracte (f)	katarakta (s)	[katarakta]
glaucome (m)	glaukoma (s)	[glaukɔma]
insulte (f)	insults (v)	[insults]
crise (f) cardiaque	infarkts (v)	[infarkts]
infarctus (m) de myocarde	miokarda infarkts (v)	[miɔkarda infarkts]
paralysie (f)	paralīze (s)	[parali:ze]
paralyser (vt)	paralizēt	[paralize:t]
allergie (f)	alerģija (s)	[alerdʲija]
asthme (m)	astma (s)	[astma]
diabète (m)	diabēts (v)	[diabe:ts]
mal (m) de dents	zobu sāpes (s dsk)	[zɔbu sa:pes]
carie (f)	kariess (v)	[kariɛs]
diarrhée (f)	caureja (s)	[tsaureja]
constipation (f)	aizcietējums (v)	[aiztsiɛte:jums]
estomac (m) barbouillé	gremošanas traucējumi (v dsk)	[gremoʃanas trautse:jumi]
intoxication (f) alimentaire	saindēšanās (s)	[sainde:ʃana:s]
être intoxiqué	saindēties	[sainde:tiɛs]
arthrite (f)	artrīts (v)	[artri:ts]
rachitisme (m)	rahīts (v)	[raxi:ts]
rhumatisme (m)	reimatisms (v)	[rɛimatisms]
athérosclérose (f)	ateroskleroze (s)	[aterɔsklerɔze]
gastrite (f)	gastrīts (v)	[gastri:ts]
appendicite (f)	apendicīts (v)	[apenditsi:ts]
cholécystite (f)	holecistīts (v)	[xɔletsisti:ts]
ulcère (m)	čūla (s)	[tʃu:la]

rougeole (f)	masalas (s dsk)	[masalas]
rubéole (f)	masaliņas (s dsk)	[masaliņas]
jaunisse (f)	dzeltenā kaite (s)	[dzeltɛna: kaite]
hépatite (f)	hepatīts (v)	[xɛpati:ts]

schizophrénie (f)	šizofrēnija (s)	[ʃizɔfre:nija]
rage (f) (hydrophobie)	trakumsērga (s)	[trakumse:rga]
névrose (f)	neiroze (s)	[nɛirɔze]
commotion (f) cérébrale	smadzeņu satricinājums (v)	[smadzɛɲu satritsina:jums]

cancer (m)	vēzis (v)	[ve:zis]
sclérose (f)	skleroze (s)	[sklerɔze]
sclérose (f) en plaques	multiplā skleroze (s)	[multipla: sklerɔze]

alcoolisme (m)	alkoholisms (v)	[alkɔxɔlisms]
alcoolique (m)	alkoholiķis (v)	[alkɔxɔlitʲis]
syphilis (f)	sifiliss (v)	[sifilis]
SIDA (m)	AIDS (v)	[aids]

tumeur (f)	audzējs (v)	[audze:js]
maligne (adj)	ļaundabīgs	[lʲaundabi:gs]
bénigne (adj)	labdabīgs	[labdabi:gs]
fièvre (f)	drudzis (v)	[drudzis]
malaria (f)	malārija (s)	[mala:rija]
gangrène (f)	gangrēna (s)	[gangrɛ:na]
mal (m) de mer	jūras slimība (s)	[ju:ras slimi:ba]
épilepsie (f)	epilepsija (s)	[epilepsija]

épidémie (f)	epidēmija (s)	[epide:mija]
typhus (m)	tīfs (v)	[ti:fs]
tuberculose (f)	tuberkuloze (s)	[tuberkulɔze]
choléra (m)	holēra (s)	[xɔlɛ:ra]
peste (f)	mēris (v)	[me:ris]

64. Les symptômes. Le traitement. Partie 1

symptôme (m)	simptoms (v)	[simptɔms]
température (f)	temperatūra (s)	[tempɛratu:ra]
fièvre (f)	augsta temperatūra (s)	[augsta tempɛratu:ra]
pouls (m)	pulss (v)	[puls]

vertige (m)	galvas reibšana (s)	[galvas rɛibʃana]
chaud (adj)	karsts	[karsts]
frisson (m)	drebuļi (v dsk)	[drɛbulʲi]
pâle (adj)	bāls	[ba:ls]

toux (f)	klepus (v)	[klɛpus]
tousser (vi)	klepot	[klepot]
éternuer (vi)	šķaudīt	[ʃtʲaudi:t]

évanouissement (m)	ģībonis (v)	[dʲi:bonis]
s'évanouir (vp)	paģībt	[padʲi:bt]

bleu (m)	zilums (v)	[zilums]
bosse (f)	puns (v)	[puns]
se heurter (vp)	atsisties	[atsistiɛs]
meurtrissure (f)	sasitums (v)	[sasitums]
se faire mal	sasisties	[sasistiɛs]

boiter (vi)	klibot	[klibot]
foulure (f)	izmežģījums (v)	[izmeʒdʲi:jums]
se démettre (l'épaule, etc.)	izmežģīt	[izmeʒdʲi:t]
fracture (f)	lūzums (v)	[lu:zums]
avoir une fracture	dabūt lūzumu	[dabu:t lu:zumu]

coupure (f)	iegriezums (v)	[iɛgriɛzums]
se couper (~ le doigt)	sagriezties	[sagriɛztiɛs]
hémorragie (f)	asiņošana (s)	[asiɲoʃana]

brûlure (f)	apdegums (v)	[apdɛgums]
se brûler (vp)	apdedzināties	[apdedzina:tiɛs]

se piquer (le doigt)	sadurt	[sadurt]
se piquer (vp)	sadurties	[sadurtiɛs]
blesser (vt)	sabojāt	[saboja:t]
blessure (f)	traumēšana (s)	[traume:ʃana]
plaie (f) (blessure)	ievainojums (v)	[iɛvainojums]
trauma (m)	trauma (s)	[trauma]

délirer (vi)	murgot	[murgot]
bégayer (vi)	stostīties	[stosti:tiɛs]
insolation (f)	saules dūriens (v)	[saules du:riɛns]

65. Les symptômes. Le traitement. Partie 2

douleur (f)	sāpes (s dsk)	[sa:pes]
écharde (f)	skabarga (s)	[skabarga]

sueur (f)	sviedri (v dsk)	[sviɛdri]
suer (vi)	svīst	[svi:st]
vomissement (m)	vemšana (s)	[vemʃana]
spasmes (m pl)	krampji (v dsk)	[krampji]

enceinte (adj)	grūta	[gru:ta]
naître (vi)	piedzimt	[piɛdzimt]
accouchement (m)	dzemdības (s dsk)	[dzemdi:bas]
accoucher (vi)	dzemdēt	[dzemde:t]
avortement (m)	aborts (v)	[aborts]
respiration (f)	elpošana (s)	[elpoʃana]
inhalation (f)	ieelpa (s)	[iɛelpa]

expiration (f)	izelpa (s)	[izelpa]
expirer (vi)	izelpot	[izelpɔt]
inspirer (vi)	ieelpot	[iɛelpɔt]

invalide (m)	invalīds (v)	[invali:ds]
handicapé (m)	kroplis (v)	[krɔplis]
drogué (m)	narkomāns (v)	[narkɔma:ns]

sourd (adj)	kurls	[kurls]
muet (adj)	mēms	[me:ms]
sourd-muet (adj)	kurlmēms	[kurlme:ms]

fou (adj)	traks	[traks]
fou (m)	trakais (v)	[trakais]
folle (f)	traka (s)	[traka]
devenir fou	zaudēt prātu	[zaude:t pra:tu]

gène (m)	gēns (v)	[ge:ns]
immunité (f)	imunitāte (s)	[imunita:te]
héréditaire (adj)	mantojams	[mantɔjams]
congénital (adj)	iedzimts	[iɛdzimts]

virus (m)	vīruss (v)	[vi:rus]
microbe (m)	mikrobs (v)	[mikrɔbs]
bactérie (f)	baktērija (s)	[bakte:rija]
infection (f)	infekcija (s)	[infektsija]

66. Les symptômes. Le traitement. Partie 3

| hôpital (m) | slimnīca (s) | [slimni:tsa] |
| patient (m) | pacients (v) | [patsiɛnts] |

diagnostic (m)	diagnoze (s)	[diagnɔze]
cure (f) (faire une ~)	ārstēšana (s)	[a:rste:ʃana]
traitement (m)	ārstēšana (s)	[a:rste:ʃana]
se faire soigner	ārstēties	[a:rste:tiɛs]
traiter (un patient)	ārstēt	[a:rste:t]
soigner (un malade)	apkopt	[apkɔpt]
soins (m pl)	apkope (s)	[apkɔpe]

opération (f)	operācija (s)	[ɔpɛra:tsija]
panser (vt)	pārsiet	[pa:rsiɛt]
pansement (m)	pārsiešana (s)	[pa:rsiɛʃana]

vaccination (f)	potēšana (s)	[pote:ʃana]
vacciner (vt)	potēt	[pote:t]
piqûre (f)	injekcija (s)	[injektsija]
faire une piqûre	injicēt	[injitse:t]
crise, attaque (f)	lēkme (s)	[le:kme]
amputation (f)	amputācija (s)	[amputa:tsija]

amputer (vt)	**amputēt**	[ampute:t]
coma (m)	**koma** (s)	[kɔma]
être dans le coma	**būt komā**	[bu:t kɔma:]
réanimation (f)	**reanimācija** (s)	[reanima:tsija]

se rétablir (vp)	**atveseļoties**	[atvɛseʎɔtiɛs]
état (m) (de santé)	**stāvoklis** (v)	[sta:vɔklis]
conscience (f)	**apziņa** (s)	[apziɳa]
mémoire (f)	**atmiņa** (s)	[atmiɳa]

arracher (une dent)	**izraut**	[izraut]
plombage (m)	**plomba** (s)	[plɔmba]
plomber (vt)	**plombēt**	[plɔmbe:t]

hypnose (f)	**hipnoze** (s)	[xipnɔze]
hypnotiser (vt)	**hipnotizēt**	[xipnɔtize:t]

67. Les médicaments. Les accessoires

médicament (m)	**zāles** (s dsk)	[za:les]
remède (m)	**līdzeklis** (v)	[li:dzeklis]
prescrire (vt)	**izrakstīt**	[izraksti:t]
ordonnance (f)	**recepte** (s)	[retsepte]

comprimé (m)	**tablete** (s)	[tablɛte]
onguent (m)	**ziede** (s)	[ziɛde]
ampoule (f)	**ampula** (s)	[ampula]
mixture (f)	**mikstūra** (s)	[mikstu:ra]
sirop (m)	**sīrups** (v)	[si:rups]
pilule (f)	**zāļu kapsula** (s)	[za:ʎu kapsula]
poudre (f)	**pulveris** (v)	[pulveris]

bande (f)	**saite** (s)	[saite]
coton (m) (ouate)	**vate** (s)	[vate]
iode (m)	**jods** (v)	[jɔds]

sparadrap (m)	**plāksteris** (v)	[pla:ksteris]
compte-gouttes (m)	**pipete** (s)	[pipɛte]

thermomètre (m)	**termometrs** (v)	[termɔmetrs]
seringue (f)	**šļirce** (s)	[ʃʎirtse]

fauteuil (m) roulant	**ratiņkrēsls** (v)	[ratiɳkre:sls]
béquilles (f pl)	**kruķi** (v dsk)	[krucʲi]

anesthésique (m)	**pretsāpju līdzeklis** (v)	[pretsa:pju li:dzeklis]
purgatif (m)	**caurejas līdzeklis** (v)	[tsaurejas li:dzeklis]
alcool (m)	**spirts** (v)	[spirts]
herbe (f) médicinale	**zāle** (s)	[za:le]
d'herbes (adj)	**zāļu**	[za:ʎu]

T&P BOOKS

L'APPARTEMENT

68. L'appartement
69. Les meubles. L'intérieur
70. La literie
71. La cuisine
72. La salle de bains
73. Les appareils électroménagers

T&P Books Publishing

68. L'appartement

appartement (m)	dzīvoklis (v)	[dzi:vɔklis]
chambre (f)	istaba (s)	[istaba]
chambre (f) à coucher	guļamistaba (s)	[gulʲamistaba]
salle (f) à manger	ēdamistaba (s)	[ɛ:damistaba]
salon (m)	viesistaba (s)	[viɛsistaba]
bureau (m)	kabinets (v)	[kabinets]
antichambre (f)	priekštelpa (s)	[priɛkʃtelpa]
salle (f) de bains	vannas istaba (s)	[vannas istaba]
toilettes (f pl)	tualete (s)	[tualɛte]
plafond (m)	griesti (v dsk)	[griɛsti]
plancher (m)	grīda (s)	[gri:da]
coin (m)	kakts (v)	[kakts]

69. Les meubles. L'intérieur

meubles (m pl)	mēbeles (s dsk)	[me:bɛles]
table (f)	galds (v)	[galds]
chaise (f)	krēsls (v)	[kre:sls]
lit (m)	gulta (s)	[gulta]
canapé (m)	dīvāns (v)	[di:va:ns]
fauteuil (m)	atpūtas krēsls (v)	[atpu:tas kre:sls]
bibliothèque (f) (meuble)	grāmatplaukts (v)	[gra:matplaukts]
rayon (m)	plaukts (v)	[plaukts]
armoire (f)	drēbju skapis (v)	[dre:bju skapis]
patère (f)	pakaramais (v)	[pakaramais]
portemanteau (m)	stāvpakaramais (v)	[sta:vpakaramais]
commode (f)	kumode (s)	[kumɔde]
table (f) basse	žurnālu galdiņš (v)	[ʒurna:lu galdiɲʃ]
miroir (m)	spogulis (v)	[spɔgulis]
tapis (m)	paklājs (v)	[pakla:js]
petit tapis (m)	paklājiņš (v)	[pakla:jiɲʃ]
cheminée (f)	kamīns (v)	[kami:ns]
bougie (f)	svece (s)	[svetse]
chandelier (m)	svečturis (v)	[svetʃturis]
rideaux (m pl)	aizkari (v dsk)	[aizkari]

papier (m) peint	tapetes (s dsk)	[tapɛtes]
jalousie (f)	žalūzijas (s dsk)	[ʒalu:zijas]
lampe (f) de table	galda lampa (s)	[galda lampa]
applique (f)	gaismeklis (v)	[gaismeklis]
lampadaire (m)	stāvlampa (s)	[sta:vlampa]
lustre (m)	lustra (s)	[lustra]
pied (m) (~ de la table)	kāja (s)	[ka:ja]
accoudoir (m)	elkoņa balsts (v)	[elkɔɲa balsts]
dossier (m)	atzveltne (s)	[atzveltne]
tiroir (m)	atvilktne (s)	[atvilktne]

70. La literie

linge (m) de lit	gultas veļa (s)	[gultas vɛlʲa]
oreiller (m)	spilvens (v)	[spilvens]
taie (f) d'oreiller	spilvendrāna (s)	[spilvendra:na]
couverture (f)	sega (s)	[sɛga]
drap (m)	palags (v)	[palags]
couvre-lit (m)	pārsegs (v)	[pa:rsegs]

71. La cuisine

cuisine (f)	virtuve (s)	[virtuve]
gaz (m)	gāze (s)	[ga:ze]
cuisinière (f) à gaz	gāzes plīts (v)	[ga:zes pli:ts]
cuisinière (f) électrique	elektriskā plīts (v)	[ɛlektriska: pli:ts]
four (m)	cepeškrāsns (v)	[tsɛpeʃkra:sns]
four (m) micro-ondes	mikroviļņu krāsns (v)	[mikrɔvilʲɲu kra:sns]
réfrigérateur (m)	ledusskapis (v)	[lɛduskapis]
congélateur (m)	saldētava (s)	[saldɛ:tava]
lave-vaisselle (m)	trauku mazgājamā mašīna (s)	[trauku mazga:jama: maʃi:na]
hachoir (m) à viande	gaļas mašīna (s)	[galʲas maʃi:na]
centrifugeuse (f)	sulu spiede (s)	[sulu spiɛde]
grille-pain (m)	tosters (v)	[tɔstɛrs]
batteur (m)	mikseris (v)	[mikseris]
machine (f) à café	kafijas aparāts (v)	[kafijas apara:ts]
cafetière (f)	kafijas kanna (s)	[kafijas kanna]
moulin (m) à café	kafijas dzirnaviņas (s)	[kafijas dzirnaviɲas]
bouilloire (f)	tējkanna (s)	[te:jkanna]
théière (f)	tējkanna (s)	[te:jkanna]
couvercle (m)	vāciņš (v)	[va:tsiɲʃ]

passoire (f) à thé	sietiņš (v)	[siɛtiɲʃ]
cuillère (f)	karote (s)	[karɔte]
petite cuillère (f)	tējkarote (s)	[te:jkarɔte]
cuillère (f) à soupe	ēdamkarote (s)	[ɛ:damkarɔte]
fourchette (f)	dakša (s)	[dakʃa]
couteau (m)	nazis (v)	[nazis]

vaisselle (f)	galda piederumi (v dsk)	[galda piɛdɛrumi]
assiette (f)	šķīvis (v)	[ʃtʲi:vis]
soucoupe (f)	apakštase (s)	[apakʃtase]

verre (m) à shot	glāzīte (s)	[gla:zi:te]
verre (m) (~ d'eau)	glāze (s)	[gla:ze]
tasse (f)	tase (s)	[tase]

sucrier (m)	cukurtrauks (v)	[tsukurtrauks]
salière (f)	sālstrauks (v)	[sa:lstrauks]
poivrière (f)	piparu trauciņš (v)	[piparu trautsiɲʃ]
beurrier (m)	sviesta trauks (v)	[sviɛsta trauks]

casserole (f)	kastrolis (v)	[kastrɔlis]
poêle (f)	panna (s)	[panna]
louche (f)	smeļamkarote (s)	[smɛlʲamkarɔte]
passoire (f)	caurduris (v)	[tsaurduris]
plateau (m)	paplāte (s)	[papla:te]

bouteille (f)	pudele (s)	[pudɛle]
bocal (m) (à conserves)	burka (s)	[burka]
boîte (f) en fer-blanc	bundža (s)	[bundʒa]

ouvre-bouteille (m)	atvere (s)	[atvɛre]
ouvre-boîte (m)	atvere (s)	[atvɛre]
tire-bouchon (m)	korķvilķis (v)	[kortʲvilʲtʲis]
filtre (m)	filtrs (v)	[filtrs]
filtrer (vt)	filtrēt	[filtre:t]

ordures (f pl)	atkritumi (v dsk)	[atkritumi]
poubelle (f)	atkritumu tvertne (s)	[atkritumu tvertne]

72. La salle de bains

salle (f) de bains	vannas istaba (s)	[vannas istaba]
eau (f)	ūdens (v)	[u:dens]
robinet (m)	krāns (v)	[kra:ns]
eau (f) chaude	karsts ūdens (v)	[karsts u:dens]
eau (f) froide	auksts ūdens (v)	[auksts u:dens]

dentifrice (m)	zobu pasta (s)	[zɔbu pasta]
se brosser les dents	tīrīt zobus	[ti:ri:t zɔbus]
brosse (f) à dents	zobu birste (s)	[zɔbu birste]

se raser (vp)	skūties	[sku:tiɛs]
mousse (f) à raser	skūšanās putas (s)	[sku:ʃana:s putas]
rasoir (m)	skuveklis (v)	[skuveklis]

laver (vt)	mazgāt	[mazga:t]
se laver (vp)	mazgāties	[mazga:tiɛs]
douche (f)	duša (s)	[duʃa]
prendre une douche	iet dušā	[iɛt duʃa:]

baignoire (f)	vanna (s)	[vanna]
cuvette (f)	klozetpods (v)	[klɔzetpɔds]
lavabo (m)	izlietne (s)	[izliɛtne]

| savon (m) | ziepes (s dsk) | [ziɛpes] |
| porte-savon (m) | ziepju trauks (v) | [ziɛpju trauks] |

éponge (f)	sūklis (v)	[su:klis]
shampooing (m)	šampūns (v)	[ʃampu:ns]
serviette (f)	dvielis (v)	[dviɛlis]
peignoir (m) de bain	halāts (v)	[xala:ts]

lessive (f) (faire la ~)	veļas mazgāšana (s)	[vɛlʲas mazga:ʃana]
machine (f) à laver	veļas mazgājamā mašīna (s)	[vɛlʲas mazga:jama: maʃi:na]
faire la lessive	mazgāt veļu	[mazga:t vɛlʲu]
lessive (f) (poudre)	veļas pulveris (v)	[vɛlʲas pulveris]

73. Les appareils électroménagers

téléviseur (m)	televizors (v)	[tɛlevizɔrs]
magnétophone (m)	magnetofons (v)	[magnetɔfɔns]
magnétoscope (m)	videomagnetofons (v)	[videɔmagnetɔfɔns]
radio (f)	radio uztvērējs (v)	[radiɔ uztvɛ:re:js]
lecteur (m)	atskaņotājs (v)	[atskaɲota:js]

vidéoprojecteur (m)	video projektors (v)	[videɔ prɔjektɔrs]
home cinéma (m)	mājas kinoteātris (v)	[ma:jas kinɔtea:tris]
lecteur DVD (m)	DVD atskaņotājs (v)	[dvd atskaɲota:js]
amplificateur (m)	pastiprinātājs (v)	[pastiprina:ta:js]
console (f) de jeux	spēļu konsole (s)	[spɛ:lʲu kɔnsɔle]

caméscope (m)	videokamera (s)	[videɔkamɛra]
appareil (m) photo	fotoaparāts (v)	[fɔtɔapara:ts]
appareil (m) photo numérique	digitālais fotoaparāts (v)	[digita:lais fɔtɔapara:ts]

aspirateur (m)	putekļu sūcējs (v)	[puteklʲu su:tse:js]
fer (m) à repasser	gludeklis (v)	[gludeklis]
planche (f) à repasser	gludināmais dēlis (v)	[gludina:mais de:lis]
téléphone (m)	tālrunis (v)	[ta:lrunis]

portable (m)	**mobilais tālrunis** (v)	[mɔbilais ta:lrunis]
machine (f) à écrire	**rakstāmmašīna** (s)	[raksta:mmaʃi:na]
machine (f) à coudre	**šujmašīna** (s)	[ʃujmaʃi:na]
micro (m)	**mikrofons** (v)	[mikrɔfɔns]
écouteurs (m pl)	**austiņas** (s dsk)	[austiɲas]
télécommande (f)	**pults** (v)	[pults]
CD (m)	**kompaktdisks** (v)	[kɔmpaktdisks]
cassette (f)	**kasete** (s)	[kasɛte]
disque (m) (vinyle)	**plate** (s)	[plate]

LA TERRE. LE TEMPS

74. L'espace cosmique
75. La Terre
76. Les quatre parties du monde
77. Les océans et les mers
78. Les noms des mers et des océans
79. Les montagnes
80. Les noms des chaînes de montagne
81. Les fleuves
82. Les noms des fleuves
83. La forêt
84. Les ressources naturelles
85. Le temps
86. Les intempéries. Les catastrophes
   naturelles

T&P Books Publishing

cosmos (m)	**kosmoss** (v)	[kɔsmɔs]
cosmique (adj)	**kosmiskais**	[kɔsmiskais]
espace (m) cosmique	**kosmiskā telpa** (s)	[kɔsmiska: telpa]
monde (m)	**visums** (v)	[visums]
univers (m)	**pasaule** (s)	[pasaule]
galaxie (f)	**galaktika** (s)	[galaktika]
étoile (f)	**zvaigzne** (s)	[zvaigzne]
constellation (f)	**zvaigznājs** (v)	[zvaigzna:js]
planète (f)	**planēta** (s)	[planɛ:ta]
satellite (m)	**pavadonis** (v)	[pavadɔnis]
météorite (m)	**meteorīts** (v)	[mɛteɔri:ts]
comète (f)	**komēta** (s)	[kɔmɛ:ta]
astéroïde (m)	**asteroīds** (v)	[asterɔi:ds]
orbite (f)	**orbīta** (s)	[ɔrbi:ta]
tourner (vi)	**griezties ap**	[griɛzties ap]
atmosphère (f)	**atmosfēra** (s)	[atmɔsfɛ:ra]
Soleil (m)	**Saule** (s)	[saule]
système (m) solaire	**Saules sistēma** (s)	[saules sistɛ:ma]
éclipse (f) de soleil	**Saules aptumsums** (v)	[saules aptumsums]
Terre (f)	**Zeme** (s)	[zɛme]
Lune (f)	**Mēness** (v)	[mɛ:nes]
Mars (m)	**Marss** (v)	[mars]
Vénus (f)	**Venēra** (s)	[vɛnɛ:ra]
Jupiter (m)	**Jupiters** (v)	[jupitɛrs]
Saturne (m)	**Saturns** (v)	[saturns]
Mercure (m)	**Merkus** (v)	[merkus]
Uranus (m)	**Urāns** (v)	[ura:ns]
Neptune	**Neptūns** (v)	[neptu:ns]
Pluton (m)	**Plutons** (v)	[plutɔns]
la Voie Lactée	**Piena ceļš** (v)	[piɛna tselʲʃ]
la Grande Ours	**Lielais Lācis** (v)	[liɛlais la:tsis]
la Polaire	**Polārzvaigzne** (s)	[pɔla:rzvaigzne]
martien (m)	**marsietis** (v)	[marsiɛtis]
extraterrestre (m)	**citplanētietis** (v)	[tsitplane:tiɛtis]

alien (m)	atnācējs (v)	[atna:tse:js]
soucoupe (f) volante	lidojošais šķīvis (v)	[lidɔjɔʃais ʃťi:vis]
vaisseau (m) spatial	kosmiskais kuģis (v)	[kɔsmiskais kudʲis]
station (f) orbitale	orbitālā stacija (s)	[ɔrbita:la: statsija]
lancement (m)	starts (v)	[starts]
moteur (m)	dzinējs (v)	[dzine:js]
tuyère (f)	sprausla (s)	[sprausla]
carburant (m)	degviela (s)	[degviɛla]
cabine (f)	kabīne (s)	[kabi:ne]
antenne (f)	antena (s)	[antɛna]
hublot (m)	iluminators (v)	[iluminatɔrs]
batterie (f) solaire	saules baterija (s)	[saules baterija]
scaphandre (m)	skafandrs (v)	[skafandrs]
apesanteur (f)	bezsvara stāvoklis (v)	[bezsvara sta:vɔklis]
oxygène (m)	skābeklis (v)	[ska:beklis]
arrimage (m)	savienošanās (s)	[saviɛnɔʃana:s]
s'arrimer à ...	savienoties	[saviɛnɔtiɛs]
observatoire (m)	observatorija (s)	[ɔbservatɔrija]
télescope (m)	teleskops (v)	[tɛleskɔps]
observer (vt)	novērot	[nɔve:rɔt]
explorer (un cosmos)	pētīt	[pe:ti:t]

75. La Terre

Terre (f)	Zeme (s)	[zɛme]
globe (m) terrestre	zemeslode (s)	[zɛmeslɔde]
planète (f)	planēta (s)	[planɛ:ta]
atmosphère (f)	atmosfēra (s)	[atmɔsfɛ:ra]
géographie (f)	ģeogrāfija (s)	[dʲeɔgra:fija]
nature (f)	daba (s)	[daba]
globe (m) de table	globuss (v)	[glɔbus]
carte (f)	karte (s)	[karte]
atlas (m)	atlants (v)	[atlants]
Europe (f)	Eiropa (s)	[ɛirɔpa]
Asie (f)	Āzija (s)	[a:zija]
Afrique (f)	Āfrika (s)	[a:frika]
Australie (f)	Austrālija (s)	[austra:lija]
Amérique (f)	Amerika (s)	[amerika]
Amérique (f) du Nord	Ziemeļamerika (s)	[ziɛmɛlʲamerika]
Amérique (f) du Sud	Dienvidamerika (s)	[diɛnvidamerika]

| l'Antarctique (m) | Antarktīda (s) | [antarkti:da] |
| l'Arctique (m) | Arktika (s) | [arktika] |

76. Les quatre parties du monde

nord (m)	ziemeļi (v dsk)	[ziɛmelʲi]
vers le nord	uz ziemeļiem	[uz ziɛmelʲiɛm]
au nord	ziemeļos	[ziɛmelʲɔs]
du nord (adj)	ziemeļu	[ziɛmɛlʲu]

sud (m)	dienvidi (v dsk)	[diɛnvidi]
vers le sud	uz dienvidiem	[uz diɛnvidiɛm]
au sud	dienvidos	[diɛnvidɔs]
du sud (adj)	dienvidu	[diɛnvidu]

ouest (m)	rietumi (v dsk)	[riɛtumi]
vers l'occident	uz rietumiem	[uz riɛtumiɛm]
à l'occident	rietumos	[riɛtumɔs]
occidental (adj)	rietumu	[riɛtumu]

est (m)	austrumi (v dsk)	[austrumi]
vers l'orient	uz austrumiem	[uz austrumiɛm]
à l'orient	austrumos	[austrumɔs]
oriental (adj)	austrumu	[austrumu]

77. Les océans et les mers

mer (f)	jūra (s)	[ju:ra]
océan (m)	okeāns (v)	[ɔkea:ns]
golfe (m)	jūras līcis (v)	[ju:ras li:tsis]
détroit (m)	jūras šaurums (v)	[ju:ras ʃaurums]

terre (f) ferme	sauszeme (s)	[sauszɛme]
continent (m)	kontinents (v)	[kontinents]
île (f)	sala (s)	[sala]
presqu'île (f)	pussala (s)	[pusala]
archipel (m)	arhipelāgs (v)	[arxipɛla:gs]

baie (f)	līcis (v)	[li:tsis]
port (m)	osta (s)	[ɔsta]
lagune (f)	lagūna (s)	[lagu:na]
cap (m)	zemesrags (v)	[zɛmesrags]

atoll (m)	atols (v)	[atɔls]
récif (m)	rifs (v)	[rifs]
corail (m)	korallis (v)	[kɔrallis]
récif (m) de corail	koraļļu rifs (v)	[kɔrallʲu rifs]
profond (adj)	dziļš	[dzilʲʃ]

profondeur (f)	dziļums (v)	[dziĺums]
abîme (m)	dzelme (s)	[dzelme]
fosse (f) océanique	ieplaka (s)	[iɛplaka]

| courant (m) | straume (s) | [straume] |
| baigner (vt) (mer) | apskalot | [apskalɔt] |

| littoral (m) | krasts (v) | [krasts] |
| côte (f) | piekraste (s) | [piɛkraste] |

marée (f) haute	paisums (v)	[paisums]
marée (f) basse	bēgums (v)	[bɛ:gums]
banc (m) de sable	sēklis (v)	[se:klis]
fond (m)	gultne (s)	[gultne]

vague (f)	vilnis (v)	[vilnis]
crête (f) de la vague	viļņa mugura (s)	[viĺņa mugura]
mousse (f)	putas (s)	[putas]

tempête (f) en mer	vētra (s)	[ve:tra]
ouragan (m)	viesulis (v)	[viɛsulis]
tsunami (m)	cunami (v)	[tsunami]
calme (m)	bezvējš (v)	[bezve:jʃ]
calme (tranquille)	mierīgs	[miɛri:gs]

| pôle (m) | pols (v) | [pɔls] |
| polaire (adj) | polārais | [pɔla:rais] |

latitude (f)	platums (v)	[platums]
longitude (f)	garums (v)	[garums]
parallèle (f)	paralēle (s)	[paralɛ:le]
équateur (m)	ekvators (v)	[ekvatɔrs]

ciel (m)	debess (s)	[dɛbes]
horizon (m)	horizonts (v)	[xɔrizɔnts]
air (m)	gaiss (v)	[gais]

phare (m)	bāka (s)	[ba:ka]
plonger (vi)	nirt	[nirt]
sombrer (vi)	nogrimt	[nɔgrimt]
trésor (m)	dārgumi (v dsk)	[da:rgumi]

78. Les noms des mers et des océans

océan (m) Atlantique	Atlantijas okeāns (v)	[atlantijas ɔkea:ns]
océan (m) Indien	Indijas okeāns (v)	[indijas ɔkea:ns]
océan (m) Pacifique	Klusais okeāns (v)	[klusais ɔkea:ns]
océan (m) Glacial	Ziemeļu Ledus okeāns (v)	[ziɛmɛĺu lɛdus ɔkea:ns]
mer (f) Noire	Melnā jūra (s)	[melna: ju:ra]

169

mer (f) Rouge	Sarkanā jūra (s)	[sarkana: ju:ra]
mer (f) Jaune	Dzeltenā jūra (s)	[dzeltɛna: ju:ra]
mer (f) Blanche	Baltā jūra (s)	[balta: ju:ra]

mer (f) Caspienne	Kaspijas jūra (s)	[kaspijas ju:ra]
mer (f) Morte	Nāves jūra (s)	[na:ves ju:ra]
mer (f) Méditerranée	Vidusjūra (s)	[vidusju:ra]

| mer (f) Égée | Egejas jūra (s) | [ɛgejas ju:ra] |
| mer (f) Adriatique | Adrijas jūra (s) | [adrijas ju:ra] |

mer (f) Arabique	Arābijas jūra (s)	[ara:bijas ju:ra]
mer (f) du Japon	Japāņu jūra (s)	[japa:ɲu ju:ra]
mer (f) de Béring	Beringa jūra (s)	[beriŋga ju:ra]
mer (f) de Chine Méridionale	Dienvidķīnas jūra (s)	[diɛnvidtʲi:nas ju:ra]

mer (f) de Corail	Koraļļu jūra (s)	[kɔralʲʲu ju:ra]
mer (f) de Tasman	Tasmāna jūra (s)	[tasma:na ju:ra]
mer (f) Caraïbe	Karību jūra (s)	[kari:bu ju:ra]

| mer (f) de Barents | Barenca jūra (s) | [barentsa ju:ra] |
| mer (f) de Kara | Karas jūra (s) | [karas ju:ra] |

mer (f) du Nord	Ziemeļjūra (s)	[ziɛmelʲju:ra]
mer (f) Baltique	Baltijas jūra (s)	[baltijas ju:ra]
mer (f) de Norvège	Norvēģu jūra (s)	[nɔrvɛ:dʲu ju:ra]

79. Les montagnes

montagne (f)	kalns (v)	[kalns]
chaîne (f) de montagnes	kalnu virkne (s)	[kalnu virkne]
crête (f)	kalnu grēda (s)	[kalnu grɛ:da]

sommet (m)	virsotne (s)	[virsɔtne]
pic (m)	smaile (s)	[smaile]
pied (m)	pakāje (s)	[paka:je]
pente (f)	nogāze (s)	[nɔga:ze]

volcan (m)	vulkāns (v)	[vulka:ns]
volcan (m) actif	darvojošais vulkāns (v)	[darvɔjɔʃais vulka:ns]
volcan (m) éteint	nodzisušais vulkāns (v)	[nɔdzisuʃais vulka:ns]

éruption (f)	izvirdums (v)	[izvirdums]
cratère (m)	krāteris (v)	[kra:teris]
magma (m)	magma (s)	[magma]
lave (f)	lava (s)	[lava]
en fusion (lave ~)	karstais	[karstais]
canyon (m)	kanjons (v)	[kanjɔns]
défilé (m) (gorge)	aiza (s)	[aiza]

| crevasse (f) | plaisa (s) | [plaisa] |
| précipice (m) | bezdibenis (v) | [bezdibenis] |

col (m) de montagne	pāreja (s)	[pa:reja]
plateau (m)	plato (v)	[platɔ]
rocher (m)	klints (s)	[klints]
colline (f)	pakalns (v)	[pakalns]

glacier (m)	ledājs (v)	[lɛda:js]
chute (f) d'eau	ūdenskritums (v)	[u:denskritums]
geyser (m)	geizers (v)	[gɛizɛrs]
lac (m)	ezers (v)	[ɛzɛrs]

plaine (f)	līdzenums (v)	[li:dzenums]
paysage (m)	ainava (s)	[ainava]
écho (m)	atbalss (s)	[atbals]

alpiniste (m)	alpīnists (v)	[alpi:nists]
varappeur (m)	klinšu kāpējs (v)	[klinʃu ka:pe:js]
conquérir (vt)	iekarot	[iɛkarɔt]
ascension (f)	uzkāpšana (s)	[uzka:pʃana]

80. Les noms des chaînes de montagne

Alpes (f pl)	Alpi (v dsk)	[alpi]
Mont Blanc (m)	Monblāns (v)	[mɔnbla:ns]
Pyrénées (f pl)	Pireneji (v dsk)	[pirɛneji]

Carpates (f pl)	Karpati (v dsk)	[karpati]
Monts Oural (m pl)	Urālu kalni (v dsk)	[ura:lu kalni]
Caucase (m)	Kaukāzs (v)	[kauka:zs]
Elbrous (m)	Elbruss (v)	[elbrus]

Altaï (m)	Altaja kalni (v)	[altaja kalni]
Tian Chan (m)	Tjanšana kalni (v)	[tjanʃana kalni]
Pamir (m)	Pamirs (v)	[pamirs]
Himalaya (m)	Himalaji (v dsk)	[ximalaji]
Everest (m)	Everests (v)	[ɛvɛrests]

| Andes (f pl) | Andu kalni (v dsk) | [andu kalni] |
| Kilimandjaro (m) | Kilimandžaro (v) | [kilimandʒarɔ] |

81. Les fleuves

rivière (f), fleuve (m)	upe (s)	[upe]
source (f)	ūdens avots (v)	[u:dens avɔts]
lit (m) (d'une rivière)	gultne (s)	[gultne]
bassin (m)	upes baseins (v)	[upes basɛins]

se jeter dans ...	ieplūst ...	[iɛplu:st ...]
affluent (m)	pieteka (s)	[piɛtɛka]
rive (f)	krasts (v)	[krasts]

courant (m)	straume (s)	[straume]
en aval	plūsmas lejtecē	[plu:smas lejtetse:]
en amont	plūsmas augštecē	[plu:smas augʃtetse:]

inondation (f)	plūdi (v dsk)	[plu:di]
les grandes crues	pali (v dsk)	[pali]
déborder (vt)	pārplūst	[pa:rplu:st]
inonder (vt)	appludināt	[appludina:t]

| bas-fond (m) | sēklis (v) | [se:klis] |
| rapide (m) | krāce (s) | [kra:tse] |

barrage (m)	dambis (v)	[dambis]
canal (m)	kanāls (v)	[kana:ls]
lac (m) de barrage	ūdenskrātuve (s)	[u:denskra:tuve]
écluse (f)	slūžas (s)	[slu:ʒas]

plan (m) d'eau	ūdenstilpe (s)	[u:denstilpe]
marais (m)	purvs (v)	[purvs]
fondrière (f)	staignājs (v)	[staigna:js]
tourbillon (m)	virpulis (v)	[virpulis]

ruisseau (m)	strauts (v)	[strauts]
potable (adj)	dzeramais	[dzɛramais]
douce (l'eau ~)	sājš	[sa:jʃ]

| glace (f) | ledus (v) | [lɛdus] |
| être gelé | aizsalt | [aizsalt] |

82. Les noms des fleuves

| Seine (f) | Sēna (s) | [sɛ:na] |
| Loire (f) | Luāra (s) | [lua:ra] |

Tamise (f)	Temza (s)	[temza]
Rhin (m)	Reina (s)	[rɛina]
Danube (m)	Donava (s)	[dɔnava]

Volga (f)	Volga (s)	[vɔlga]
Don (m)	Dona (s)	[dɔna]
Lena (f)	Ļena (s)	[lʲɛna]

Huang He (m)	Huanhe (s)	[xuanxe]
Yangzi Jiang (m)	Jandzi (s)	[jandzi]
Mékong (m)	Mekonga (s)	[mekɔŋga]
Gange (m)	Ganga (s)	[gaŋga]

Nil (m)	Nīla (s)	[niːla]
Congo (m)	Kongo (s)	[koŋgo]
Okavango (m)	Okavango (s)	[ɔkavaŋgɔ]
Zambèze (m)	Zambezi (s)	[zambezi]
Limpopo (m)	Limpopo (s)	[limpopɔ]
Mississippi (m)	Misisipi (s)	[misisipi]

83. La forêt

forêt (f)	mežs (v)	[meʒs]
forestier (adj)	meža	[meʒa]

fourré (m)	meža biezoknis (v)	[meʒa biɛzɔknis]
bosquet (m)	birze (s)	[birze]
clairière (f)	nora (s)	[nɔra]

broussailles (f pl)	krūmājs (v)	[kruːmaːjs]
taillis (m)	krūmi (v dsk)	[kruːmi]

sentier (m)	taciņa (s)	[tatsiɲa]
ravin (m)	grava (s)	[grava]

arbre (m)	koks (v)	[kɔks]
feuille (f)	lapa (s)	[lapa]
feuillage (m)	lapas (s dsk)	[lapas]

chute (f) de feuilles	lapkritis (v)	[lapkritis]
tomber (feuilles)	lapas krīt	[lapas kriːt]
sommet (m)	virsotne (s)	[virsɔtne]

rameau (m)	zariņš (v)	[zariɲʃ]
branche (f)	zars (v)	[zars]
bourgeon (m)	pumpurs (v)	[pumpurs]
aiguille (f)	skuja (s)	[skuja]
pomme (f) de pin	čiekurs (v)	[tʃiɛkurs]

creux (m)	dobums (v)	[dɔbums]
nid (m)	ligzda (s)	[ligzda]
terrier (m) (~ d'un renard)	ala (s)	[ala]

tronc (m)	stumbrs (v)	[stumbrs]
racine (f)	sakne (s)	[sakne]
écorce (f)	miza (s)	[miza]
mousse (f)	sūna (s)	[suːna]

déraciner (vt)	atcelmot	[attselmɔt]
abattre (un arbre)	cirst	[tsirst]
déboiser (vt)	izcirst	[iztsirst]
souche (f)	celms (v)	[tselms]
feu (m) de bois	ugunskurs (v)	[ugunskurs]

| incendie (m) | ugunsgrēks (v) | [ugunsgre:ks] |
| éteindre (feu) | dzēst | [dze:st] |

garde (m) forestier	mežinieks (v)	[meʒiniɛks]
protection (f)	augu aizsargāšana (s)	[augu aizsarga:ʃana]
protéger (vt)	dabas aizsardzība	[dabas aizsardzi:ba]
braconnier (m)	malumednieks (v)	[malumedniɛks]
piège (m) à mâchoires	lamatas (s dsk)	[lamatas]

cueillir (champignons)	sēņot	[se:ɲot]
cueillir (baies)	ogot	[ɔgot]
s'égarer (vp)	apmaldīties	[apmaldi:tiɛs]

84. Les ressources naturelles

ressources (f pl) naturelles	dabas resursi (v dsk)	[dabas rɛsursi]
minéraux (m pl)	derīgie izrakteņi (v dsk)	[deri:giɛ izrakteɲi]
gisement (m)	iegulumi (v dsk)	[iɛgulumi]
champ (m) (~ pétrolifère)	atradne (s)	[atradne]

extraire (vt)	iegūt rūdu	[iɛgu:t ru:du]
extraction (f)	ieguve (s)	[iɛguve]
minerai (m)	rūda (s)	[ru:da]
mine (f) (site)	raktuve (s)	[raktuve]
puits (m) de mine	šahta (s)	[ʃaxta]
mineur (m)	oglracis (v)	[ɔglʲratsis]

| gaz (m) | gāze (s) | [ga:ze] |
| gazoduc (m) | gāzes vads (v) | [ga:zes vads] |

pétrole (m)	nafta (s)	[nafta]
pipeline (m)	naftas vads (v)	[naftas vads]
tour (f) de forage	naftas tornis (v)	[naftas tɔrnis]
derrick (m)	urbjtornis (v)	[urbjtɔrnis]
pétrolier (m)	tankkuģis (v)	[tankkudʲis]

sable (m)	smiltis (s dsk)	[smiltis]
calcaire (m)	kaļķakmens (v)	[kalʲtʲakmens]
gravier (m)	grants (s)	[grants]
tourbe (f)	kūdra (s)	[ku:dra]
argile (f)	māls (v)	[ma:ls]
charbon (m)	ogles (s dsk)	[ɔgles]

fer (m)	dzelzs (s)	[dzelzs]
or (m)	zelts (v)	[zelts]
argent (m)	sudrabs (v)	[sudrabs]
nickel (m)	niķelis (v)	[nitʲelis]
cuivre (m)	varš (v)	[varʃ]
zinc (m)	cinks (v)	[tsinks]
manganèse (m)	mangāns (v)	[maŋga:ns]

mercure (m)	**dzīvsudrabs** (v)	[dzi:vsudrabs]
plomb (m)	**svins** (v)	[svins]

minéral (m)	**minerāls** (v)	[minɛra:ls]
cristal (m)	**kristāls** (v)	[krista:ls]
marbre (m)	**marmors** (v)	[marmɔrs]
uranium (m)	**urāns** (v)	[ura:ns]

85. Le temps

temps (m)	**laiks** (v)	[laiks]
météo (f)	**laika prognoze** (s)	[laika prɔgnɔze]
température (f)	**temperatūra** (s)	[tempɛratu:ra]
thermomètre (m)	**termometrs** (v)	[termɔmetrs]
baromètre (m)	**barometrs** (v)	[barɔmetrs]

humide (adj)	**mitrs**	[mitrs]
humidité (f)	**mitrums** (v)	[mitrums]
chaleur (f) (canicule)	**tveice** (s)	[tvɛitse]
torride (adj)	**karsts**	[karsts]
il fait très chaud	**karsts laiks**	[karsts laiks]

il fait chaud	**silts laiks**	[silts laiks]
chaud (modérément)	**silts**	[silts]

il fait froid	**auksts laiks**	[auksts laiks]
froid (adj)	**auksts**	[auksts]

soleil (m)	**saule** (s)	[saule]
briller (soleil)	**spīd saule**	[spi:d saule]
ensoleillé (jour ~)	**saulains**	[saulains]
se lever (vp)	**uzlēkt**	[uzle:kt]
se coucher (vp)	**rietēt**	[riɛte:t]

nuage (m)	**mākonis** (v)	[ma:kɔnis]
nuageux (adj)	**mākoņains**	[ma:kɔɲains]
nuée (f)	**melns mākonis** (v)	[melns ma:kɔnis]
sombre (adj)	**apmācies**	[apma:tsiɛs]

pluie (f)	**lietus** (v)	[liɛtus]
il pleut	**līst lietus**	[li:st liɛtus]
pluvieux (adj)	**lietains**	[liɛtains]
bruiner (v imp)	**smidzina**	[smidzina]

pluie (f) torrentielle	**stiprs lietus** (v)	[stiprs liɛtus]
averse (f)	**lietusgāze** (s)	[liɛtusga:ze]
forte (la pluie ~)	**stiprs**	[stiprs]
flaque (f)	**peļķe** (s)	[pelʲtʲe]
se faire mouiller	**samirkt**	[samirkt]
brouillard (m)	**migla** (s)	[migla]

brumeux (adj)	miglains	[miglains]
neige (f)	sniegs (v)	[sniɛgs]
il neige	krīt sniegs	[kriːt sniɛgs]

86. Les intempéries. Les catastrophes naturelles

orage (m)	pērkona negaiss (v)	[peːrkɔna nɛgais]
éclair (m)	zibens (v)	[zibens]
éclater (foudre)	zibēt	[zibeːt]

tonnerre (m)	pērkons (v)	[peːrkɔns]
gronder (tonnerre)	dārdēt	[daːrdeːt]
le tonnerre gronde	dārd pērkons	[daːrd peːrkɔns]

grêle (f)	krusa (s)	[krusa]
il grêle	krīt krusa	[kriːt krusa]

inonder (vt)	appludināt	[appludinaːt]
inondation (f)	ūdens plūdi (v dsk)	[uːdens pluːdi]

tremblement (m) de terre	zemestrīce (s)	[zɛmestriːtse]
secousse (f)	trieciens (v)	[triɛtsiɛns]
épicentre (m)	epicentrs (v)	[epitsentrs]

éruption (f)	izvirdums (v)	[izvirdums]
lave (f)	lava (s)	[lava]

tourbillon (m)	virpuļvētra (s)	[virpulʲveːtra]
tornade (f)	tornado (v)	[tɔrnadɔ]
typhon (m)	taifūns (v)	[taifuːns]

ouragan (m)	viesulis (v)	[viɛsulis]
tempête (f)	vētra (s)	[veːtra]
tsunami (m)	cunami (v)	[tsunami]

cyclone (m)	ciklons (v)	[tsiklɔns]
intempéries (f pl)	slikts laiks (v)	[slikts laiks]
incendie (m)	ugunsgrēks (v)	[ugunsgreːks]
catastrophe (f)	katastrofa (s)	[katastrɔfa]
météorite (m)	meteorīts (v)	[mɛteɔriːts]

avalanche (f)	lavīna (s)	[laviːna]
éboulement (m)	sniega gāze (s)	[sniɛga gaːze]
blizzard (m)	sniegputenis (v)	[sniɛgputenis]
tempête (f) de neige	sniega vētra (s)	[sniɛga veːtra]

LA FAUNE

87. Les mammifères. Les prédateurs
88. Les animaux sauvages
89. Les animaux domestiques
90. Les oiseaux
91. Les poissons. Les animaux marins
92. Les amphibiens. Les reptiles
93. Les insectes

T&P Books Publishing

87. Les mammifères. Les prédateurs

prédateur (m)	**plēsoņa** (s)	[ple:sɔŋa]
tigre (m)	**tīģeris** (v)	[ti:dʲeris]
lion (m)	**lauva** (s)	[lauva]
loup (m)	**vilks** (v)	[vilks]
renard (m)	**lapsa** (s)	[lapsa]
jaguar (m)	**jaguārs** (v)	[jagua:rs]
léopard (m)	**leopards** (v)	[leɔpards]
guépard (m)	**gepards** (v)	[gɛpards]
panthère (f)	**pantera** (s)	[pantɛra]
puma (m)	**puma** (s)	[puma]
léopard (m) de neiges	**sniega leopards** (v)	[sniɛga leɔpards]
lynx (m)	**lūsis** (v)	[lu:sis]
coyote (m)	**koijots** (v)	[kɔijɔts]
chacal (m)	**šakālis** (v)	[ʃaka:lis]
hyène (f)	**hiēna** (s)	[xiɛ:na]

88. Les animaux sauvages

animal (m)	**dzīvnieks** (v)	[dzi:vniɛks]
bête (f)	**zvērs** (v)	[zvɛ:rs]
écureuil (m)	**vāvere** (s)	[va:vɛre]
hérisson (m)	**ezis** (v)	[ɛzis]
lièvre (m)	**zaķis** (v)	[zatʲis]
lapin (m)	**trusis** (v)	[trusis]
blaireau (m)	**āpsis** (v)	[a:psis]
raton (m)	**jenots** (v)	[jenɔts]
hamster (m)	**kāmis** (v)	[ka:mis]
marmotte (f)	**murkšķis** (v)	[murkʃtʲis]
taupe (f)	**kurmis** (v)	[kurmis]
souris (f)	**pele** (s)	[pɛle]
rat (m)	**žurka** (s)	[ʒurka]
chauve-souris (f)	**sikspārnis** (v)	[siksparn̩s]
hermine (f)	**sermulis** (v)	[sermulis]
zibeline (f)	**sabulis** (v)	[sabulis]
martre (f)	**cauna** (s)	[tsauna]

| belette (f) | **zebiekste** (s) | [zebiɛkste] |
| vison (m) | **ūdele** (s) | [u:dɛle] |

| castor (m) | **bebrs** (v) | [bebrs] |
| loutre (f) | **ūdrs** (v) | [u:drs] |

cheval (m)	**zirgs** (v)	[zirgs]
élan (m)	**alnis** (v)	[alnis]
cerf (m)	**briedis** (v)	[briɛdis]
chameau (m)	**kamielis** (v)	[kamiɛlis]

bison (m)	**bizons** (v)	[bizɔns]
aurochs (m)	**sumbrs** (v)	[sumbrs]
buffle (m)	**bifelis** (v)	[bifelis]

zèbre (m)	**zebra** (s)	[zebra]
antilope (f)	**antilope** (s)	[antilɔpe]
chevreuil (m)	**stirna** (s)	[stirna]
biche (f)	**dambriedis** (v)	[dambriɛdis]
chamois (m)	**kalnu kaza** (s)	[kalnu kaza]
sanglier (m)	**mežacūka** (s)	[meʒatsu:ka]

baleine (f)	**valis** (v)	[valis]
phoque (m)	**ronis** (v)	[rɔnis]
morse (m)	**valzirgs** (v)	[valzirgs]
ours (m) de mer	**kotiks** (v)	[kɔtiks]
dauphin (m)	**delfīns** (v)	[delfi:ns]

ours (m)	**lācis** (v)	[la:tsis]
ours (m) blanc	**baltais lācis** (v)	[baltais la:tsis]
panda (m)	**panda** (s)	[panda]

singe (m)	**pērtiķis** (v)	[pe:rtitʲis]
chimpanzé (m)	**šimpanze** (s)	[ʃimpanze]
orang-outang (m)	**orangutāns** (v)	[ɔraŋguta:ns]
gorille (m)	**gorilla** (s)	[gɔrilla]
macaque (m)	**makaks** (v)	[makaks]
gibbon (m)	**gibons** (v)	[gibɔns]

| éléphant (m) | **zilonis** (v) | [zilɔnis] |
| rhinocéros (m) | **degunradzis** (v) | [dɛgunradzis] |

| girafe (f) | **žirafe** (s) | [ʒirafe] |
| hippopotame (m) | **nīlzirgs** (v) | [ni:lzirgs] |

| kangourou (m) | **ķengurs** (v) | [tʲeŋgurs] |
| koala (m) | **koala** (s) | [kɔala] |

mangouste (f)	**mangusts** (v)	[maŋgusts]
chinchilla (m)	**šinšilla** (s)	[ʃinʃilla]
mouffette (f)	**skunkss** (v)	[skunks]
porc-épic (m)	**dzeloņcūka** (s)	[dzelɔɲtsu:ka]

89. Les animaux domestiques

chat (m) (femelle)	kaķis (v)	[katʲis]
chat (m) (mâle)	runcis (v)	[runtsis]
chien (m)	suns (v)	[suns]
cheval (m)	zirgs (v)	[zirgs]
étalon (m)	ērzelis (v)	[e:rzelis]
jument (f)	ķēve (s)	[tʲɛ:ve]
vache (f)	govs (s)	[gɔvs]
taureau (m)	bullis (v)	[bullis]
bœuf (m)	vērsis (v)	[vɛ:rsis]
brebis (f)	aita (s)	[aita]
mouton (m)	auns (v)	[auns]
chèvre (f)	kaza (s)	[kaza]
bouc (m)	āzis (v)	[a:zis]
âne (m)	ēzelis (v)	[ɛ:zelis]
mulet (m)	mūlis (v)	[mu:lis]
cochon (m)	cūka (s)	[tsu:ka]
pourceau (m)	sivēns (v)	[sive:ns]
lapin (m)	trusis (v)	[trusis]
poule (f)	vista (s)	[vista]
coq (m)	gailis (v)	[gailis]
canard (m)	pīle (s)	[pi:le]
canard (m) mâle	pīļtēviņš (v)	[pi:lʲte:viɲʃ]
oie (f)	zoss (s)	[zɔs]
dindon (m)	tītars (v)	[ti:tars]
dinde (f)	tītaru mātīte (s)	[ti:taru ma:ti:te]
animaux (m pl) domestiques	mājdzīvnieki (v dsk)	[ma:jdzi:vniɛki]
apprivoisé (adj)	pieradināts	[piɛradina:ts]
apprivoiser (vt)	pieradināt	[piɛradina:t]
élever (vt)	audzēt	[audze:t]
ferme (f)	saimniecība (s)	[saimniɛtsi:ba]
volaille (f)	mājputni (v dsk)	[ma:jputni]
bétail (m)	liellopi (v dsk)	[liɛllopi]
troupeau (m)	ganāmpulks (v)	[gana:mpulks]
écurie (f)	zirgu stallis (v)	[zirgu stallis]
porcherie (f)	cūkkūts (s)	[tsu:kku:ts]
vacherie (f)	kūts (s)	[ku:ts]
cabane (f) à lapins	trušu būda (s)	[truʃu bu:da]
poulailler (m)	vistu kūts (s)	[vistu ku:ts]

90. Les oiseaux

oiseau (m)	putns (v)	[putns]
pigeon (m)	balodis (v)	[balodis]
moineau (m)	zvirbulis (v)	[zvirbulis]
mésange (f)	zīlīte (s)	[ziːliːte]
pie (f)	žagata (s)	[ʒagata]

corbeau (m)	krauklis (v)	[krauklis]
corneille (f)	vārna (s)	[vaːrna]
choucas (m)	kovārnis (v)	[kɔvaːrnis]
freux (m)	krauķis (v)	[krautʲis]

canard (m)	pīle (s)	[piːle]
oie (f)	zoss (s)	[zɔs]
faisan (m)	fazāns (v)	[fazaːns]

aigle (m)	ērglis (v)	[eːrglis]
épervier (m)	vanags (v)	[vanags]
faucon (m)	piekūns (v)	[piɛkuːns]
vautour (m)	grifs (v)	[grifs]
condor (m)	kondors (v)	[kɔndɔrs]

cygne (m)	gulbis (v)	[gulbis]
grue (f)	dzērve (s)	[dzeːrve]
cigogne (f)	stārķis (v)	[staːrtʲis]

perroquet (m)	papagailis (v)	[papagailis]
colibri (m)	kolibri (v)	[kɔlibri]
paon (m)	pāvs (v)	[paːvs]

autruche (f)	strauss (v)	[straus]
héron (m)	gārnis (v)	[gaːrnis]
flamant (m)	flamings (v)	[flamiŋgs]
pélican (m)	pelikāns (v)	[pelikaːns]

| rossignol (m) | lakstīgala (s) | [lakstiːgala] |
| hirondelle (f) | bezdelīga (s) | [bezdeliːga] |

merle (m)	strazds (v)	[strazds]
grive (f)	dziedātājstrazds (v)	[dziɛdaːtaːjstrazds]
merle (m) noir	melnais strazds (v)	[melnais strazds]

martinet (m)	svīre (s)	[sviːre]
alouette (f) des champs	cīrulis (v)	[tsiːrulis]
caille (f)	paipala (s)	[paipala]

pivert (m)	dzenis (v)	[dzenis]
coucou (m)	dzeguze (s)	[dzɛguze]
chouette (f)	pūce (s)	[puːtse]
hibou (m)	ūpis (v)	[uːpis]

tétras (m)	**mednis** (v)	[mednis]
tétras-lyre (m)	**rubenis** (v)	[rubenis]
perdrix (f)	**irbe** (s)	[irbe]

étourneau (m)	**mājas strazds** (v)	[ma:jas strazds]
canari (m)	**kanārijputniņš** (v)	[kana:rijputniɲʃ]
gélinotte (f) des bois	**meža irbe** (s)	[meʒa irbe]
pinson (m)	**žubīte** (s)	[ʒubi:te]
bouvreuil (m)	**svilpis** (v)	[svilpis]

mouette (f)	**kaija** (s)	[kaija]
albatros (m)	**albatross** (v)	[albatrɔs]
pingouin (m)	**pingvīns** (v)	[piŋgvi:ns]

91. Les poissons. Les animaux marins

brème (f)	**plaudis** (v)	[plaudis]
carpe (f)	**karpa** (s)	[karpa]
perche (f)	**asaris** (v)	[asaris]
silure (m)	**sams** (v)	[sams]
brochet (m)	**līdaka** (s)	[li:daka]

saumon (m)	**lasis** (v)	[lasis]
esturgeon (m)	**store** (s)	[stɔre]

hareng (m)	**siļķe** (s)	[silʲtʲe]
saumon (m) atlantique	**lasis** (v)	[lasis]
maquereau (m)	**skumbrija** (s)	[skumbrija]
flet (m)	**bute** (s)	[bute]

sandre (f)	**zandarts** (v)	[zandarts]
morue (f)	**menca** (s)	[mentsa]
thon (m)	**tuncis** (v)	[tuntsis]
truite (f)	**forele** (s)	[fɔrɛle]

anguille (f)	**zutis** (v)	[zutis]
torpille (f)	**elektriskā raja** (s)	[ɛlektriska: raja]
murène (f)	**murēna** (s)	[murɛ:na]
piranha (m)	**piraija** (s)	[piraija]

requin (m)	**haizivs** (s)	[xaizivs]
dauphin (m)	**delfīns** (v)	[delfi:ns]
baleine (f)	**valis** (v)	[valis]

crabe (m)	**krabis** (v)	[krabis]
méduse (f)	**medūza** (s)	[mɛdu:za]
pieuvre (f), poulpe (m)	**astoņkājis** (v)	[astɔnka:jis]

étoile (f) de mer	**jūras zvaigzne** (s)	[ju:ras zvaigzne]
oursin (m)	**jūras ezis** (v)	[ju:ras ezis]

hippocampe (m)	jūras zirdziņš (v)	[ju:ras zirdziɲʃ]
huître (f)	austere (s)	[austɛre]
crevette (f)	garnele (s)	[garnɛle]
homard (m)	omārs (v)	[ɔma:rs]
langoustine (f)	langusts (v)	[laŋgusts]

92. Les amphibiens. Les reptiles

serpent (m)	čūska (s)	[tʃu:ska]
venimeux (adj)	indīga	[indi:ga]
vipère (f)	odze (s)	[ɔdze]
cobra (m)	kobra (s)	[kɔbra]
python (m)	pitons (v)	[pitɔns]
boa (m)	žņaudzējčūska (s)	[ʒɲaudze:jtʃu:ska]
couleuvre (f)	zalktis (v)	[zalktis]
serpent (m) à sonnettes	klaburčūska (s)	[klaburtʃu:ska]
anaconda (m)	anakonda (s)	[anakɔnda]
lézard (m)	ķirzaka (s)	[tʲirzaka]
iguane (m)	iguāna (s)	[igua:na]
varan (m)	varāns (v)	[vara:ns]
salamandre (f)	salamandra (s)	[salamandra]
caméléon (m)	hameleons (v)	[xamɛleɔns]
scorpion (m)	skorpions (v)	[skɔrpiɔns]
tortue (f)	bruņurupucis (v)	[bruɲuruputsis]
grenouille (f)	varde (s)	[varde]
crapaud (m)	krupis (v)	[krupis]
crocodile (m)	krokodils (v)	[krɔkɔdils]

93. Les insectes

insecte (m)	kukainis (v)	[kukainis]
papillon (m)	taurenis (v)	[taurenis]
fourmi (f)	skudra (s)	[skudra]
mouche (f)	muša (s)	[muʃa]
moustique (m)	ods (v)	[ɔds]
scarabée (m)	vabole (s)	[vabɔle]
guêpe (f)	lapsene (s)	[lapsɛne]
abeille (f)	bite (s)	[bite]
bourdon (m)	kamene (s)	[kamɛne]
œstre (m)	dundurs (v)	[dundurs]
araignée (f)	zirneklis (v)	[zirneklis]
toile (f) d'araignée	zirnekļtīkls (v)	[zirneklʲti:kls]

libellule (f)	**spāre** (s)	[spaːre]
sauterelle (f)	**sienāzis** (v)	[siɛnaːzis]
papillon (m)	**tauriņš** (v)	[tauriɲʃ]
cafard (m)	**prusaks** (v)	[prusaks]
tique (f)	**ērce** (s)	[eːrtse]
puce (f)	**blusa** (s)	[blusa]
moucheron (m)	**knislis** (v)	[knislis]
criquet (m)	**sisenis** (v)	[sisenis]
escargot (m)	**gliemezis** (v)	[gliɛmezis]
grillon (m)	**circenis** (v)	[tsirtsenis]
luciole (f)	**jāņtārpiņš** (v)	[jaːɲtaːrpiɲʃ]
coccinelle (f)	**mārīte** (s)	[maːriːte]
hanneton (m)	**maijvabole** (s)	[maijvabɔle]
sangsue (f)	**dēle** (s)	[dɛːle]
chenille (f)	**kāpurs** (v)	[kaːpurs]
ver (m)	**tārps** (v)	[taːrps]
larve (f)	**kāpurs** (v)	[kaːpurs]

T&P BOOKS

LA FLORE

94. Les arbres
95. Les arbustes
96. Les fruits. Les baies
97. Les fleurs. Les plantes
98. Les céréales

T&P Books Publishing

arbre (m)	**koks** (v)	[kɔks]
à feuilles caduques	**lapu koks**	[lapu kɔks]
conifère (adj)	**skujkoks**	[skujkɔks]
à feuilles persistantes	**mūžzaļš**	[muːʒzalʲʃ]
pommier (m)	**ābele** (s)	[aːbɛle]
poirier (m)	**bumbiere** (s)	[bumbiɛre]
merisier (m)	**saldais ķirsis** (v)	[saldais tʲirsis]
cerisier (m)	**skābais ķirsis** (v)	[skaːbais tʲirsis]
prunier (m)	**plūme** (s)	[pluːme]
bouleau (m)	**bērzs** (v)	[beːrzs]
chêne (m)	**ozols** (v)	[ɔzɔls]
tilleul (m)	**liepa** (s)	[liɛpa]
tremble (m)	**apse** (s)	[apse]
érable (m)	**kļava** (s)	[klʲava]
épicéa (m)	**egle** (s)	[egle]
pin (m)	**priede** (s)	[priɛde]
mélèze (m)	**lapegle** (s)	[lapegle]
sapin (m)	**dižegle** (s)	[diʒegle]
cèdre (m)	**ciedrs** (v)	[tsiɛdrs]
peuplier (m)	**papele** (s)	[papɛle]
sorbier (m)	**pīlādzis** (v)	[piːlaːdzis]
saule (m)	**vītols** (v)	[viːtɔls]
aune (m)	**alksnis** (v)	[alksnis]
hêtre (m)	**dižskābardis** (v)	[diʒskaːbardis]
orme (m)	**vīksna** (s)	[viːksna]
frêne (m)	**osis** (v)	[ɔsis]
marronnier (m)	**kastaņa** (s)	[kastaɲa]
magnolia (m)	**magnolija** (s)	[magnɔlija]
palmier (m)	**palma** (s)	[palma]
cyprès (m)	**ciprese** (s)	[tsiprɛse]
palétuvier (m)	**mango koks** (v)	[maɲgɔ kɔks]
baobab (m)	**baobabs** (v)	[baɔbabs]
eucalyptus (m)	**eikalipts** (v)	[ɛikalipts]
séquoia (m)	**sekvoja** (s)	[sekvɔja]

95. Les arbustes

buisson (m)	**Krūms** (v)	[kru:ms]
arbrisseau (m)	**krūmājs** (v)	[kru:ma:js]
vigne (f)	**vīnogas** (v)	[vi:nɔgas]
vigne (f) (vignoble)	**vīnogulājs** (v)	[vi:nɔgula:js]
framboise (f)	**avenājs** (v)	[avɛna:js]
cassis (m)	**upeņu krūms** (v)	[upɛɲu kru:ms]
groseille (f) rouge	**sarkano jāņogu krūms** (v)	[sarkanɔ ja:ɲɔgu kru:ms]
groseille (f) verte	**ērkšķogu krūms** (v)	[e:rkʃtʲɔgu kru:ms]
acacia (m)	**akācija** (s)	[aka:tsija]
berbéris (m)	**bārbele** (s)	[ba:rbɛle]
jasmin (m)	**jasmīns** (v)	[jasmi:ns]
genévrier (m)	**kadiķis** (v)	[kaditʲis]
rosier (m)	**rožu krūms** (v)	[rɔʒu kru:ms]
églantier (m)	**mežroze** (s)	[meʒrɔze]

96. Les fruits. Les baies

fruit (m)	**auglis** (v)	[auglis]
fruits (m pl)	**augļi** (v dsk)	[auglʲi]
pomme (f)	**ābols** (v)	[a:bɔls]
poire (f)	**bumbieris** (v)	[bumbiɛris]
prune (f)	**plūme** (s)	[plu:me]
fraise (f)	**zemene** (s)	[zɛmɛne]
cerise (f)	**skābais ķirsis** (v)	[ska:bais tʲirsis]
merise (f)	**saldais ķirsis** (v)	[saldais tʲirsis]
raisin (m)	**vīnoga** (s)	[vi:nɔga]
framboise (f)	**avene** (s)	[avɛne]
cassis (m)	**upene** (s)	[upɛne]
groseille (f) rouge	**sarkanā jāņoga** (s)	[sarkana: ja:ɲɔga]
groseille (f) verte	**ērkšķoga** (s)	[e:rkʃtʲɔga]
canneberge (f)	**dzērvene** (s)	[dze:rvɛne]
orange (f)	**apelsīns** (v)	[apɛlsi:ns]
mandarine (f)	**mandarīns** (v)	[mandari:ns]
ananas (m)	**ananāss** (v)	[anana:s]
banane (f)	**banāns** (v)	[bana:ns]
datte (f)	**datele** (s)	[datɛle]
citron (m)	**citrons** (v)	[tsitrɔns]
abricot (m)	**aprikoze** (s)	[aprikɔze]
pêche (f)	**persiks** (v)	[pɛrsiks]

kiwi (m)	**kivi** (v)	[kivi]
pamplemousse (m)	**greipfrūts** (v)	[grɛipfru:ts]
baie (f)	**oga** (s)	[ɔga]
baies (f pl)	**ogas** (s dsk)	[ɔgas]
airelle (f) rouge	**brūklene** (s)	[bru:klɛne]
fraise (f) des bois	**meža zemene** (s)	[meʒa zɛmɛne]
myrtille (f)	**mellene** (s)	[mellɛne]

97. Les fleurs. Les plantes

fleur (f)	**zieds** (v)	[ziɛds]
bouquet (m)	**ziedu pušķis** (v)	[ziɛdu puʃťis]
rose (f)	**roze** (s)	[rɔze]
tulipe (f)	**tulpe** (s)	[tulpe]
oeillet (m)	**neļķe** (s)	[nelʲtʲe]
glaïeul (m)	**gladiola** (s)	[gladiɔla]
bleuet (m)	**rudzupuķīte** (s)	[rudzuputʲi:te]
campanule (f)	**pulkstenīte** (s)	[pulksteni:te]
dent-de-lion (f)	**pienenīte** (s)	[piɛneni:te]
marguerite (f)	**kumelīte** (s)	[kumeli:te]
aloès (m)	**alveja** (s)	[alveja]
cactus (m)	**kaktuss** (v)	[kaktus]
ficus (m)	**gumijkoks** (v)	[gumijkɔks]
lis (m)	**lilija** (s)	[lilija]
géranium (m)	**ģerānija** (s)	[dʲɛra:nija]
jacinthe (f)	**hiacinte** (s)	[xiatsinte]
mimosa (m)	**mimoza** (s)	[mimɔza]
jonquille (f)	**narcise** (s)	[nartsise]
capucine (f)	**krese** (s)	[krɛse]
orchidée (f)	**orhideja** (s)	[ɔrxideja]
pivoine (f)	**pujene** (s)	[pujene]
violette (f)	**vijolīte** (s)	[vijɔli:te]
pensée (f)	**atraitnītes** (s dsk)	[atraitni:tes]
myosotis (m)	**neaizmirstule** (s)	[neaizmirstule]
pâquerette (f)	**margrietiņa** (s)	[margriɛtiɲa]
coquelicot (m)	**magone** (s)	[magɔne]
chanvre (m)	**kaņepe** (s)	[kaɲɛpe]
menthe (f)	**mētra** (s)	[me:tra]
muguet (m)	**maijpuķīte** (s)	[maijputʲi:te]
perce-neige (f)	**sniegpulkstenīte** (s)	[sniɛgpulksteni:te]

ortie (f)	nātre (s)	[na:tre]
oseille (f)	skābene (s)	[ska:bɛne]
nénuphar (m)	ūdensroze (s)	[u:densrɔze]
fougère (f)	paparde (s)	[paparde]
lichen (m)	ķērpis (v)	[tʲe:rpis]

serre (f) tropicale	oranžērija (s)	[ɔranʒe:rija]
gazon (m)	zālājs (v)	[za:la:js]
parterre (m) de fleurs	puķu dobe (s)	[putʲu dɔbe]

plante (f)	augs (v)	[augs]
herbe (f)	zāle (s)	[za:le]
brin (m) d'herbe	zālīte (s)	[za:li:te]

feuille (f)	lapa (s)	[lapa]
pétale (m)	lapiņa (s)	[lapiɲa]
tige (f)	stiebrs (v)	[stiɛbrs]
tubercule (m)	bumbulis (v)	[bumbulis]

pousse (f)	dīglis (v)	[di:glis]
épine (f)	ērkšķis (v)	[e:rkʃtʲis]

fleurir (vi)	ziedēt	[ziɛde:t]
se faner (vp)	novīt	[nɔvi:t]
odeur (f)	smarža (s)	[smarʒa]
couper (vt)	nogriezt	[nɔgriɛzt]
cueillir (fleurs)	noplūkt	[nɔplu:kt]

98. Les céréales

grains (m pl)	graudi (v dsk)	[graudi]
céréales (f pl) (plantes)	graudaugi (v dsk)	[graudaugi]
épi (m)	vārpa (s)	[va:rpa]

blé (m)	kvieši (v dsk)	[kviɛʃi]
seigle (m)	rudzi (v dsk)	[rudzi]
avoine (f)	auzas (s dsk)	[auzas]

millet (m)	prosa (s)	[prɔsa]
orge (f)	mieži (v dsk)	[miɛʒi]

maïs (m)	kukurūza (s)	[kukuru:za]
riz (m)	rīsi (v dsk)	[ri:si]
sarrasin (m)	griķi (v dsk)	[gritʲi]

pois (m)	zirnis (v)	[zirnis]
haricot (m)	pupiņas (s dsk)	[pupiɲas]
soja (m)	soja (s)	[sɔja]
lentille (f)	lēcas (s dsk)	[le:tsas]
fèves (f pl)	pupas (s dsk)	[pupas]

LES PAYS DU MONDE

99. Les pays du monde. Partie 1
100. Les pays du monde. Partie 2
101. Les pays du monde. Partie 3

T&P Books Publishing

Afghanistan (m)	Afganistāna (s)	[afganista:na]
Albanie (f)	Albānija (s)	[alba:nija]
Allemagne (f)	Vācija (s)	[va:tsija]
Angleterre (f)	Anglija (s)	[aŋglija]
Arabie (f) Saoudite	Saūda Arābija (s)	[sau:da ara:bija]
Argentine (f)	Argentīna (s)	[argenti:na]
Arménie (f)	Armēnija (s)	[arme:nija]
Australie (f)	Austrālija (s)	[austra:lija]
Autriche (f)	Austrija (s)	[austrija]
Azerbaïdjan (m)	Azerbaidžāna (s)	[azerbaidʒa:na]
Bahamas (f pl)	Bahamu salas (s dsk)	[baxamu salas]
Bangladesh (m)	Bangladeša (s)	[baŋgladeʃa]
Belgique (f)	Beļģija (s)	[belʲdʲija]
Biélorussie (f)	Baltkrievija (s)	[baltkriɛvija]
Bolivie (f)	Bolīvija (s)	[bɔli:vija]
Bosnie (f)	Bosnija un Hercegovina (s)	[bɔsnija un xertsegɔvina]
Brésil (m)	Brazīlija (s)	[brazi:lija]
Bulgarie (f)	Bulgārija (s)	[bulga:rija]
Cambodge (m)	Kambodža (s)	[kambɔdʒa]
Canada (m)	Kanāda (s)	[kana:da]
Chili (m)	Čīle (s)	[tʃi:le]
Chine (f)	Ķīna (s)	[tʲi:na]
Chypre (m)	Kipra (s)	[kipra]
Colombie (f)	Kolumbija (s)	[kɔlumbija]
Corée (f) du Nord	Ziemeļkoreja (s)	[ziɛmelʲkɔreja]
Corée (f) du Sud	Dienvidkoreja (s)	[diɛnvidkɔreja]
Croatie (f)	Horvātija (s)	[xɔrva:tija]
Cuba (f)	Kuba (s)	[kuba]
Danemark (m)	Dānija (s)	[da:nija]
Écosse (f)	Skotija (s)	[skɔtija]
Égypte (f)	Ēģipte (s)	[e:dʲipte]
Équateur (m)	Ekvadora (s)	[ekvadɔra]
Espagne (f)	Spānija (s)	[spa:nija]
Estonie (f)	Igaunija (s)	[igaunija]
Les États Unis	Amerikas Savienotās Valstis (s dsk)	[amerikas saviɛnɔta:s valstis]
Fédération (f) des Émirats Arabes Unis	Apvienotie Arābu Emirāti (v dsk)	[apviɛnɔtiɛ ara:bu emira:ti]
Finlande (f)	Somija (s)	[sɔmija]
France (f)	Francija (s)	[frantsija]

Géorgie (f)	Gruzija (s)	[gruzija]
Ghana (m)	Gana (s)	[gana]
Grande-Bretagne (f)	Lielbritānija (s)	[liɛlbrita:nija]
Grèce (f)	Grieķija (s)	[griɛtʲija]

100. Les pays du monde. Partie 2

| Haïti (m) | Haiti (v) | [xaiti] |
| Hongrie (f) | Ungārija (s) | [uŋga:rija] |

Inde (f)	Indija (s)	[indija]
Indonésie (f)	Indonēzija (s)	[indɔne:zija]
Iran (m)	Irāna (s)	[ira:na]
Iraq (m)	Irāka (s)	[ira:ka]
Irlande (f)	Īrija (s)	[i:rija]
Islande (f)	Īslande (s)	[i:slande]
Israël (m)	Izraēla (s)	[izraɛ:la]
Italie (f)	Itālija (s)	[ita:lija]

Jamaïque (f)	Jamaika (s)	[jamaika]
Japon (m)	Japāna (s)	[japa:na]
Jordanie (f)	Jordānija (s)	[jɔrda:nija]
Kazakhstan (m)	Kazahstāna (s)	[kazaxsta:na]
Kenya (m)	Kenija (s)	[kenija]
Kirghizistan (m)	Kirgizstāna (s)	[kirgizsta:na]
Koweït (m)	Kuveita (s)	[kuvɛita]

Laos (m)	Laosa (s)	[laɔsa]
Lettonie (f)	Latvija (s)	[latvija]
Liban (m)	Libāna (s)	[liba:na]
Libye (f)	Lībija (s)	[li:bija]
Liechtenstein (m)	Lihtenšteina (s)	[lixtenʃtɛina]
Lituanie (f)	Lietuva (s)	[liɛtuva]
Luxembourg (m)	Luksemburga (s)	[luksemburga]

Macédoine (f)	Maķedonija (s)	[matʲedɔnija]
Madagascar (f)	Madagaskara (s)	[madagaskara]
Malaisie (f)	Malaizija (s)	[malaizija]
Malte (f)	Malta (s)	[malta]
Maroc (m)	Maroka (s)	[marɔka]
Mexique (m)	Meksika (s)	[meksika]
Moldavie (f)	Moldova (s)	[mɔldɔva]

Monaco (m)	Monako (s)	[mɔnakɔ]
Mongolie (f)	Mongolija (s)	[mɔŋgɔlija]
Monténégro (m)	Melnkalne (s)	[melnkalne]
Myanmar (m)	Mjanma (s)	[mjanma]
Namibie (f)	Namībija (s)	[nami:bija]
Népal (m)	Nepāla (s)	[nɛpa:la]
Norvège (f)	Norvēģija (s)	[nɔrve:dʲija]

| Nouvelle Zélande (f) | Jaunzēlande (s) | [jaunzɛ:lande] |
| Ouzbékistan (m) | Uzbekistāna (s) | [uzbekista:na] |

101. Les pays du monde. Partie 3

Pakistan (m)	Pakistāna (s)	[pakista:na]
Palestine (f)	Palestīna (s)	[palesti:na]
Panamá (m)	Panama (s)	[panama]
Paraguay (m)	Paragvaja (s)	[paragvaja]
Pays-Bas (m)	Nīderlande (s)	[ni:derlande]

Pérou (m)	Peru (v)	[pɛru]
Pologne (f)	Polija (s)	[polija]
Polynésie (f) Française	Franču Polinēzija (s)	[frantʃu poline:zija]
Portugal (m)	Portugāle (s)	[portuga:le]

République (f) Dominicaine	Dominikas Republika (s)	[dominikas rɛpublika]
République (f) Sud-africaine	Dienvidāfrikas Republika (s)	[diɛnvida:frikas rɛpublika]
République (f) Tchèque	Čehija (s)	[tʃexija]
Roumanie (f)	Rumānija (s)	[ruma:nija]
Russie (f)	Krievija (s)	[kriɛvija]

Sénégal (m)	Senegāla (s)	[senɛga:la]
Serbie (f)	Serbija (s)	[serbija]
Slovaquie (f)	Slovākija (s)	[slova:kija]
Slovénie (f)	Slovēnija (s)	[slove:nija]
Suède (f)	Zviedrija (s)	[zviɛdrija]
Suisse (f)	Šveice (s)	[ʃvɛitse]
Surinam (m)	Surinama (s)	[surinama]
Syrie (f)	Sīrija (s)	[si:rija]

Tadjikistan (m)	Tadžikistāna (s)	[tadʒikista:na]
Taïwan (m)	Taivāna (s)	[taiva:na]
Tanzanie (f)	Tanzānija (s)	[tanza:nija]
Tasmanie (f)	Tasmānija (s)	[tasma:nija]
Thaïlande (f)	Taizeme (s)	[taizɛme]
Tunisie (f)	Tunisija (s)	[tunisija]
Turkménistan (m)	Turkmenistāna (s)	[turkmenista:na]
Turquie (f)	Turcija (s)	[turtsija]

Ukraine (f)	Ukraina (s)	[ukraina]
Uruguay (m)	Urugvaja (s)	[urugvaja]
Vatican (m)	Vatikāns (v)	[vatika:ns]
Venezuela (f)	Venecuēla (s)	[vɛnetsuɛ:la]
Vietnam (m)	Vjetnama (s)	[vjetnama]
Zanzibar (m)	Zanzibāra (s)	[zanziba:ra]

GLOSSAIRE GASTRONOMIQUE

Cette section contient
beaucoup de mots associés
à la nourriture. Ce dictionnaire
vous facilitera la tâche
de comprendre le menu
et de commander le bon plat
au restaurant

T&P Books Publishing

Français-Letton glossaire gastronomique

Français	Letton	Prononciation
épi (m)	vārpa (s)	[vaːrpa]
épice (f)	garšviela (s)	[garʃviɛla]
épinard (m)	spināti (v dsk)	[spinaːti]
œuf (m)	ola (s)	[ɔla]
abricot (m)	aprikoze (s)	[aprikɔze]
addition (f)	rēķins (v)	[reːtʲins]
ail (m)	ķiploks (v)	[tʲiplɔks]
airelle (f) rouge	brūklene (s)	[bruːklɛne]
amande (f)	mandeles (s dsk)	[mandɛles]
amanite (f) tue-mouches	mušmire (s)	[muʃmire]
amer (adj)	rūgts	[ruːgts]
ananas (m)	ananāss (v)	[ananaːs]
anguille (f)	zutis (v)	[zutis]
anis (m)	anīss (v)	[aniːs]
apéritif (m)	aperitīvs (v)	[aperitiːvs]
appétit (m)	apetīte (s)	[apetiːte]
arrière-goût (m)	piegarša (s)	[piɛgarʃa]
artichaut (m)	artišoks (v)	[artiʃɔks]
asperge (f)	sparģelis (v)	[spardʲelis]
assiette (f)	šķīvis (v)	[ʃtʲiːvis]
aubergine (f)	baklažāns (v)	[baklaʒaːns]
avec de la glace	ar ledu	[ar lɛdu]
avocat (m)	avokado (v)	[avɔkadɔ]
avoine (f)	auzas (s dsk)	[auzas]
bacon (m)	bekons (v)	[bekɔns]
baie (f)	oga (s)	[ɔga]
baies (f pl)	ogas (s dsk)	[ɔgas]
banane (f)	banāns (v)	[banaːns]
bar (m)	bārs (v)	[baːrs]
barman (m)	bārmenis (v)	[baːrmenis]
basilic (m)	baziliks (v)	[baziliks]
betterave (f)	biete (s)	[biɛte]
beurre (m)	sviests (v)	[sviɛsts]
bière (f)	alus (v)	[alus]
bière (f) blonde	gaišais alus (v)	[gaiʃais alus]
bière (f) brune	tumšais alus (v)	[tumʃais alus]
biscuit (m)	cepumi (v dsk)	[tsɛpumi]
blé (m)	kvieši (v dsk)	[kviɛʃi]
blanc (m) d'œuf	baltums (v)	[baltums]
boisson (f) non alcoolisée	bezalkoholiskais dzēriens (v)	[bɛzalkɔxɔliskais dzeːriɛns]
boissons (f pl) alcoolisées	alkoholiskie dzērieni (v dsk)	[alkɔxɔliskiɛ dzeːriɛni]
bolet (m) bai	bērzu beka (s)	[beːrzu bɛka]

bolet (m) orangé	apšu beka (s)	[apʃu bɛka]
bon (adj)	garšīgs	[garʃiːgs]
Bon appétit!	Labu apetīti!	[labu apetiːti!]
bonbon (m)	konfekte (s)	[kɔnfekte]
bouillie (f)	biezputra (s)	[biɛzputra]
bouillon (m)	buljons (v)	[buljɔns]
brème (f)	plaudis (v)	[plaudis]
brochet (m)	līdaka (s)	[liːdaka]
brocoli (m)	brokolis (v)	[brɔkɔlis]
cèpe (m)	baravika (s)	[baravika]
céleri (m)	selerija (s)	[sɛlerija]
céréales (f pl)	graudaugi (v dsk)	[graudaugi]
cacahuète (f)	zemesrieksts (v)	[zɛmesriɛksts]
café (m)	kafija (s)	[kafija]
café (m) au lait	kafija (s) ar pienu	[kafija ar piɛnu]
café (m) noir	melnā kafija (s)	[melna: kafija]
café (m) soluble	šķīstošā kafija (s)	[ʃtʲiːstɔʃaː kafija]
calamar (m)	kalmārs (v)	[kalmaːrs]
calorie (f)	kalorija (s)	[kalɔrija]
canard (m)	pīle (s)	[piːle]
canneberge (f)	dzērvene (s)	[dze:rvɛne]
cannelle (f)	kanēlis (v)	[kane:lis]
cappuccino (m)	kapučīno (v)	[kaputʃiːnɔ]
carotte (f)	burkāns (v)	[burkaːns]
carpe (f)	karpa (s)	[karpa]
carte (f)	ēdienkarte (s)	[e:diɛnkarte]
carte (f) des vins	vīnu karte (s)	[viːnu karte]
cassis (m)	upene (s)	[upɛne]
caviar (m)	ikri (v dsk)	[ikri]
cerise (f)	skābais ķirsis (v)	[ska:bais tʲirsis]
champagne (m)	šampanietis (v)	[ʃampaniɛtis]
champignon (m)	sēne (s)	[sɛ:ne]
champignon (m) comestible	ēdama sēne (s)	[ɛ:dama sɛ:ne]
champignon (m) vénéneux	indīga sēne (s)	[indi:ga sɛ:ne]
chaud (adj)	karsts	[karsts]
chocolat (m)	šokolāde (s)	[ʃɔkɔla:de]
chou (m)	kāposti (v dsk)	[ka:pɔsti]
chou (m) de Bruxelles	Briseles kāposti (v dsk)	[brisɛles ka:pɔsti]
chou-fleur (m)	puķkāposti (v dsk)	[putʲka:pɔsti]
citron (m)	citrons (v)	[tsitrɔns]
clou (m) de girofle	krustnagliņas (s dsk)	[krustnagliņas]
cocktail (m)	kokteilis (v)	[kɔktɛilis]
cocktail (m) au lait	piena kokteilis (v)	[piɛna kɔktɛilis]
cognac (m)	konjaks (v)	[kɔnjaks]
concombre (m)	gurķis (v)	[gurtʲis]
condiment (m)	piedeva (s)	[piɛdɛva]
confiserie (f)	konditorejas izstrādājumi (v dsk)	[kɔnditɔrejas izstra:da:jumi]
confiture (f)	džems, ievārījums (v)	[dʒems], [iɛva:ri:jums]
confiture (f)	ievārījums (v)	[iɛva:ri:jums]

congelé (adj)	sasaldēts	[sasalde:ts]
conserves (f pl)	konservi (v dsk)	[kɔnservi]
coriandre (m)	koriandrs (v)	[kɔriandrs]
courgette (f)	kabacis (v)	[kabatsis]
couteau (m)	nazis (v)	[nazis]
crème (f)	salds krējums (v)	[salds kre:jums]
crème (f) aigre	krējums (v)	[kre:jums]
crème (f) au beurre	krēms (v)	[kre:ms]
crabe (m)	krabis (v)	[krabis]
crevette (f)	garnele (s)	[garnɛle]
crustacés (m pl)	vēžveidīgie (v dsk)	[ve:ʒvɛidi:giɛ]
cuillère (f)	karote (s)	[karɔte]
cuillère (f) à soupe	ēdamkarote (s)	[ɛ:damkarɔte]
cuisine (f)	virtuve (s)	[virtuve]
cuisse (f)	šķiņķis (v)	[ʃtʲiɲtʲis]
cuit à l'eau (adj)	vārīts	[va:ri:ts]
cumin (m)	ķimenes (s dsk)	[tʲimɛnes]
cure-dent (m)	zobu bakstāmais (v)	[zɔbu baksta:mais]
déjeuner (m)	pusdienas (s dsk)	[pusdiɛnas]
dîner (m)	vakariņas (s dsk)	[vakariɲas]
datte (f)	datele (s)	[datɛle]
dessert (m)	deserts (v)	[dɛserts]
dinde (f)	tītars (v)	[ti:tars]
du bœuf	liellopu gaļa (s)	[liɛllɔpu galʲa]
du mouton	jēra gaļa (s)	[je:ra galʲa]
du porc	cūkgaļa (s)	[tsu:kgalʲa]
du veau	teļa gaļa (s)	[tɛlʲa galʲa]
eau (f)	ūdens (v)	[u:dens]
eau (f) minérale	minerālūdens (v)	[minɛra:lu:dens]
eau (f) potable	dzeramais ūdens (v)	[dzɛramais u:dens]
en chocolat (adj)	šokolādes	[ʃɔkɔla:des]
esturgeon (m)	store (s)	[stɔre]
fèves (f pl)	pupas (s dsk)	[pupas]
farce (f)	malta gaļa (s)	[malta galʲa]
farine (f)	milti (v dsk)	[milti]
fenouil (m)	dilles (s dsk)	[dilles]
feuille (f) de laurier	lauru lapa (s)	[lauru lapa]
figue (f)	vīģe (s)	[vi:dʲe]
flétan (m)	āte (s)	[a:te]
flet (m)	bute (s)	[bute]
foie (m)	aknas (s dsk)	[aknas]
fourchette (f)	dakša (s)	[dakʃa]
fraise (f)	zemene (s)	[zɛmɛne]
fraise (f) des bois	meža zemene (s)	[meʒa zɛmɛne]
framboise (f)	avene (s)	[avɛne]
frit (adj)	cepts	[tsepts]
froid (adj)	auksts	[auksts]
fromage (m)	siers (v)	[siɛrs]
fruit (m)	auglis (v)	[auglis]
fruits (m pl)	augļi (v dsk)	[auglʲi]
fruits (m pl) de mer	jūras produkti (v dsk)	[ju:ras prɔdukti]
fumé (adj)	kūpināts	[ku:pina:ts]

gâteau (m)	kūka (s)	[ku:ka]
gâteau (m)	pīrāgs (v)	[pi:ra:gs]
garniture (f)	pildījums (v)	[pildi:jums]
garniture (f)	piedeva (s)	[piɛdɛva]
gaufre (f)	vafeles (s dsk)	[vafɛles]
gazeuse (adj)	gāzēts	[ga:ze:ts]
gibier (m)	medījums (v)	[medi:jums]
gin (m)	džins (v)	[dʒins]
gingembre (m)	ingvers (v)	[iŋgvɛrs]
girolle (f)	gailene (s)	[gailɛne]
glace (f)	ledus (v)	[lɛdus]
glace (f)	saldējums (v)	[salde:jums]
glucides (m pl)	ogļhidrāti (v dsk)	[ɔglʲxidra:ti]
goût (m)	garša (s)	[garʃa]
gomme (f) à mâcher	košļājamā gumija (s)	[kɔʃlʲa:jama: gumija]
grains (m pl)	graudi (v dsk)	[graudi]
grenade (f)	granātābols (v)	[grana:ta:bɔls]
groseille (f) rouge	sarkanā jāņoga (s)	[sarkana: ja:ɲɔga]
groseille (f) verte	ērkšķoga (s)	[e:rkʃtʲɔga]
gruau (m)	putraimi (v dsk)	[putraimi]
hamburger (m)	hamburgers (v)	[xamburgɛrs]
hareng (m)	siļķe (s)	[silʲtʲe]
haricot (m)	pupiņas (s dsk)	[pupiɲas]
hors-d'œuvre (m)	uzkožamais (v)	[uzkɔʒamais]
huître (f)	austere (s)	[austɛre]
huile (f) d'olive	olīveļļa (s)	[ɔli:vellʲa]
huile (f) de tournesol	saulespuķu eļļa (s)	[saulesputʲu ellʲa]
huile (f) végétale	augu eļļa (s)	[augu ellʲa]
jambon (m)	šķiņķis (v)	[ʃtʲiɲtʲis]
jaune (m) d'œuf	dzeltenums (v)	[dzeltenums]
jus (m)	sula (s)	[sula]
jus (m) d'orange	apelsīnu sula (s)	[apɛlsi:nu sula]
jus (m) de tomate	tomātu sula (s)	[tɔma:tu sula]
jus (m) pressé	svaigi spiesta sula (s)	[svaigi spiɛsta sula]
kiwi (m)	kivi (v)	[kivi]
légumes (m pl)	dārzeņi (v dsk)	[da:rzeɲi]
lait (m)	piens (v)	[piɛns]
lait (m) condensé	kondensētais piens (v)	[kɔndensɛ:tais piɛns]
laitue (f), salade (f)	dārza salāti (v dsk)	[da:rza sala:ti]
langoustine (f)	langusts (v)	[laŋgusts]
langue (f)	mēle (s)	[mɛ:le]
lapin (m)	trusis (v)	[trusis]
lentille (f)	lēcas (s dsk)	[le:tsas]
les œufs	olas (s dsk)	[ɔlas]
les œufs brouillés	ceptas olas (s dsk)	[tseptas ɔlas]
limonade (f)	limonāde (s)	[limɔna:de]
lipides (m pl)	tauki (v dsk)	[tauki]
liqueur (f)	liķieris (v)	[litʲiɛris]
mûre (f)	kazene (s)	[kazɛne]
maïs (m)	kukurūza (s)	[kukuru:za]
maïs (m)	kukurūza (s)	[kukuru:za]
mandarine (f)	mandarīns (v)	[mandari:ns]

mangue (f)	**mango** (v)	[maŋgɔ]
maquereau (m)	**skumbrija** (s)	[skumbrija]
margarine (f)	**margarīns** (v)	[margari:ns]
mariné (adj)	**marinēts**	[marine:ts]
marmelade (f)	**marmelāde** (s)	[marmɛla:de]
melon (m)	**melone** (s)	[melɔne]
merise (f)	**saldais ķirsis** (v)	[saldais tʲirsis]
miel (m)	**medus** (v)	[mɛdus]
miette (f)	**gabaliņš** (v)	[gabaliɲʃ]
millet (m)	**prosa** (s)	[prɔsa]
morceau (m)	**gabals** (v)	[gabals]
morille (f)	**lāčpurnis** (v)	[la:tʃpurnis]
morue (f)	**menca** (s)	[mentsa]
moutarde (f)	**sinepes** (s dsk)	[sinɛpes]
myrtille (f)	**mellene** (s)	[mellɛne]
navet (m)	**rācenis** (v)	[ra:tsenis]
noisette (f)	**lazdu rieksts** (v)	[lazdu riɛksts]
noix (f)	**valrieksts** (v)	[valriɛksts]
noix (f) de coco	**kokosrieksts** (v)	[kɔkɔsriɛksts]
nouilles (f pl)	**nūdeles** (s dsk)	[nu:dɛles]
nourriture (f)	**ēdiens** (v)	[e:diɛns]
oie (f)	**zoss** (s)	[zɔs]
oignon (m)	**sīpols** (v)	[si:pɔls]
olives (f pl)	**olīvas** (s dsk)	[ɔli:vas]
omelette (f)	**omlete** (s)	[ɔmlɛte]
orange (f)	**apelsīns** (v)	[apɛlsi:ns]
orge (f)	**mieži** (v dsk)	[miɛʒi]
oronge (f) verte	**suņu sēne** (s)	[suɲu sɛ:ne]
ouvre-boîte (m)	**atvere** (s)	[atvɛre]
ouvre-bouteille (m)	**atvere** (s)	[atvɛre]
pâté (m)	**pastēte** (s)	[pastɛ:te]
pâtes (m pl)	**makaroni** (v dsk)	[makarɔni]
pétales (m pl) de maïs	**kukurūzas pārslas** (s dsk)	[kukuru:zas pa:rslas]
pétillante (adj)	**dzirkstošs**	[dzirkstɔʃs]
pêche (f)	**persiks** (v)	[pɛrsiks]
pain (m)	**maize** (s)	[maize]
pamplemousse (m)	**greipfrūts** (v)	[grɛipfru:ts]
papaye (f)	**papaija** (s)	[papaija]
paprika (m)	**paprika** (s)	[paprika]
pastèque (f)	**arbūzs** (v)	[arbu:zs]
peau (f)	**miza** (s)	[miza]
perche (f)	**asaris** (v)	[asaris]
persil (m)	**pētersīlis** (v)	[pɛ:tɛrsi:lis]
petit déjeuner (m)	**brokastis** (s dsk)	[brɔkastis]
petite cuillère (f)	**tējkarote** (s)	[te:jkarɔte]
pistaches (f pl)	**pistācijas** (s dsk)	[pista:tsijas]
pizza (f)	**pica** (s)	[pitsa]
plat (m)	**ēdiens** (v)	[e:diɛns]
plate (adj)	**negāzēts**	[nɛga:ze:ts]
poire (f)	**bumbieris** (v)	[bumbiɛris]
pois (m)	**zirnis** (v)	[zirnis]
poisson (m)	**zivs** (s)	[zivs]

poivre (m) noir	melnie pipari (v dsk)	[melniɛ pipari]
poivre (m) rouge	paprika (s)	[paprika]
poivron (m)	graudu pipars (v)	[graudu pipars]
pomme (f)	ābols (v)	[a:bɔls]
pomme (f) de terre	kartupelis (v)	[kartupelis]
portion (f)	porcija (s)	[pɔrtsija]
potiron (m)	ķirbis (v)	[tʲirbis]
poulet (m)	vista (s)	[vista]
pourboire (m)	dzeramnauda (s)	[dzɛramnauda]
protéines (f pl)	olbaltumvielas (s dsk)	[ɔlbaltumviɛlas]
prune (f)	plūme (s)	[plu:me]
pudding (m)	pudiņš (v)	[pudiɲʃ]
purée (f)	kartupeļu biezenis (v)	[kartupɛlʲu biɛzenis]
régime (m)	diēta (s)	[diɛ:ta]
radis (m)	redīss (v)	[redi:s]
rafraîchissement (m)	atspirdzinošs dzēriens (v)	[atspirdzinɔʃs dze:riɛns]
raifort (m)	mārrutki (v dsk)	[ma:rrutki]
raisin (m)	vīnoga (s)	[vi:nɔga]
raisin (m) sec	rozīne (s)	[rɔzi:ne]
recette (f)	recepte (s)	[retsepte]
requin (m)	haizivs (s)	[xaizivs]
rhum (m)	rums (v)	[rums]
riz (m)	rīsi (v dsk)	[ri:si]
russule (f)	bērzlape (s)	[be:rzlape]
sésame (m)	sezams (v)	[sɛzams]
safran (m)	safrāns (v)	[safra:ns]
salé (adj)	sāļš	[sa:lʲʃ]
salade (f)	salāti (v dsk)	[sala:ti]
sandre (f)	zandarts (v)	[zandarts]
sandwich (m)	sviestmaize (s)	[sviɛstmaize]
sans alcool	bezalkoholisks	[bɛzalkɔxɔlisks]
sardine (f)	sardīne (s)	[sardi:ne]
sarrasin (m)	griķi (v dsk)	[gritʲi]
sauce (f)	mērce (s)	[me:rtse]
sauce (f) mayonnaise	majonēze (s)	[majɔnɛ:ze]
saucisse (f)	cīsiņš (v)	[tsi:siɲʃ]
saucisson (m)	desa (s)	[dɛsa]
saumon (m)	lasis (v)	[lasis]
saumon (m) atlantique	lasis (v)	[lasis]
sec (adj)	žāvēts	[ʒa:ve:ts]
seigle (m)	rudzi (v dsk)	[rudzi]
sel (m)	sāls (v)	[sa:ls]
serveur (m)	oficiants (v)	[ɔfitsiants]
serveuse (f)	oficiante (s)	[ɔfitsiante]
silure (m)	sams (v)	[sams]
soja (m)	soja (s)	[sɔja]
soucoupe (f)	apakštase (s)	[apakʃtase]
soupe (f)	zupa (s)	[zupa]
spaghettis (m pl)	spageti (v dsk)	[spageti]
steak (m)	bifšteks (v)	[bifʃteks]
sucré (adj)	salds	[salds]

sucre (m)	cukurs (v)	[tsukurs]
tarte (f)	torte (s)	[tɔrte]
tasse (f)	tase (s)	[tase]
thé (m)	tēja (s)	[te:ja]
thé (m) noir	melnā tēja (s)	[melna: te:ja]
thé (m) vert	zaļā tēja (s)	[zalʲa: te:ja]
thon (m)	tuncis (v)	[tuntsis]
tire-bouchon (m)	korķvilķis (v)	[kɔrtʲvilʲtʲis]
tomate (f)	tomāts (v)	[tɔma:ts]
tranche (f)	šķēlīte (s)	[ʃtʲe:li:te]
truite (f)	forele (s)	[fɔrɛle]
végétarien (adj)	veģetāriešu	[vɛdʲɛta:riɛʃu]
végétarien (m)	veģetārietis (v)	[vɛdʲɛta:riɛtis]
verdure (f)	zaļumi (v dsk)	[zalʲumi]
vermouth (m)	vermuts (v)	[vermuts]
verre (m)	glāze (s)	[gla:ze]
verre (m) à vin	pokāls (v)	[pɔka:ls]
viande (f)	gaļa (s)	[galʲa]
vin (m)	vīns (v)	[vi:ns]
vin (m) blanc	baltvīns (v)	[baltvi:ns]
vin (m) rouge	sarkanvīns (v)	[sarkanvi:ns]
vinaigre (m)	etiķis (v)	[ɛtitʲis]
vitamine (f)	vitamīns (v)	[vitami:ns]
vodka (f)	degvīns (v)	[degvi:ns]
whisky (m)	viskijs (v)	[viskijs]
yogourt (m)	jogurts (v)	[jɔgurts]

ābols (v)	[aːbɔls]	pomme (f)
āte (s)	[aːte]	flétan (m)
ēdama sēne (s)	[ɛːdama sɛːne]	champignon (m) comestible
ēdamkarote (s)	[ɛːdamkarɔte]	cuillère (f) à soupe
ēdienkarte (s)	[eːdiɛnkarte]	carte (f)
ēdiens (v)	[eːdiɛns]	plat (m)
ēdiens (v)	[eːdiɛns]	nourriture (f)
ērkšķoga (s)	[eːrkʃtʲɔga]	groseille (f) verte
ķimenes (s dsk)	[tʲimɛnes]	cumin (m)
ķiploks (v)	[tʲiplɔks]	ail (m)
ķirbis (v)	[tʲirbis]	potiron (m)
šķēlīte (s)	[ʃtʲeːliːte]	tranche (f)
šķīstošā kafija (s)	[ʃtʲiːstɔʃa: kafija]	café (m) soluble
šķīvis (v)	[ʃtʲiːvis]	assiette (f)
šķiņķis (v)	[ʃtʲiɲtʲis]	jambon (m)
šķiņķis (v)	[ʃtʲiɲtʲis]	cuisse (f)
šampanietis (v)	[ʃampaniɛtis]	champagne (m)
šokolāde (s)	[ʃɔkɔlaːde]	chocolat (m)
šokolādes	[ʃɔkɔlaːdes]	en chocolat (adj)
ūdens (v)	[uːdens]	eau (f)
žāvēts	[ʒaːveːts]	sec (adj)
aknas (s dsk)	[aknas]	foie (m)
alkoholiskie dzērieni (v dsk)	[alkɔxɔliskiɛ dzeːriɛni]	boissons (f pl) alcoolisées
alus (v)	[alus]	bière (f)
anīss (v)	[aniːs]	anis (m)
ananāss (v)	[ananaːs]	ananas (m)
apšu beka (s)	[apʃu bɛka]	bolet (m) orangé
apakštase (s)	[apakʃtase]	soucoupe (f)
apelsīns (v)	[apɛlsiːns]	orange (f)
apelsīnu sula (s)	[apɛlsiːnu sula]	jus (m) d'orange
aperitīvs (v)	[aperitiːvs]	apéritif (m)
apetīte (s)	[apetiːte]	appétit (m)
aprikoze (s)	[aprikɔze]	abricot (m)
ar ledu	[ar lɛdu]	avec de la glace
arbūzs (v)	[arbuːzs]	pastèque (f)
artišoks (v)	[artiʃɔks]	artichaut (m)
asaris (v)	[asaris]	perche (f)
atspirdzinošs dzēriens (v)	[atspirdzinɔʃs dzeːriɛns]	rafraîchissement (m)
atvere (s)	[atvɛre]	ouvre-bouteille (m)
atvere (s)	[atvɛre]	ouvre-boîte (m)
augļi (v dsk)	[auglʲi]	fruits (m pl)

auglis (v)	[auglis]	fruit (m)
augu eļļa (s)	[augu eļļa]	huile (f) végétale
auksts	[auksts]	froid (adj)
austere (s)	[austɛre]	huître (f)
auzas (s dsk)	[auzas]	avoine (f)
avene (s)	[avɛne]	framboise (f)
avokado (v)	[avɔkadɔ]	avocat (m)
bārmenis (v)	[ba:rmenis]	barman (m)
bārs (v)	[ba:rs]	bar (m)
bērzlape (s)	[be:rzlape]	russule (f)
bērzu beka (s)	[be:rzu bɛka]	bolet (m) bai
baklažāns (v)	[baklaʒa:ns]	aubergine (f)
baltums (v)	[baltums]	blanc (m) d'œuf
baltvīns (v)	[baltvi:ns]	vin (m) blanc
banāns (v)	[bana:ns]	banane (f)
baravika (s)	[baravika]	cèpe (m)
baziliks (v)	[baziliks]	basilic (m)
bekons (v)	[bekɔns]	bacon (m)
bezalkoholiskais dzēriens (v)	[bɛzalkɔxɔliskais dze:riɛns]	boisson (f) non alcoolisée
bezalkoholisks	[bɛzalkɔxɔlisks]	sans alcool
biete (s)	[biɛte]	betterave (f)
biezputra (s)	[biɛzputra]	bouillie (f)
bifšteks (v)	[bifʃteks]	steak (m)
brūklene (s)	[bru:klɛne]	airelle (f) rouge
Briseles kāposti (v dsk)	[brisɛles ka:pɔsti]	chou (m) de Bruxelles
brokastis (s dsk)	[brɔkastis]	petit déjeuner (m)
brokolis (v)	[brɔkɔlis]	brocoli (m)
buljons (v)	[buljɔns]	bouillon (m)
bumbieris (v)	[bumbiɛris]	poire (f)
burkāns (v)	[burka:ns]	carotte (f)
bute (s)	[bute]	flet (m)
cīsiņš (v)	[tsi:siŋʃ]	saucisse (f)
cūkgaļa (s)	[tsu:kgaļa]	du porc
ceptas olas (s dsk)	[tseptas ɔlas]	les œufs brouillés
cepts	[tsepts]	frit (adj)
cepumi (v dsk)	[tsɛpumi]	biscuit (m)
citrons (v)	[tsitrɔns]	citron (m)
cukurs (v)	[tsukurs]	sucre (m)
dārza salāti (v dsk)	[da:rza sala:ti]	laitue (f), salade (f)
dārzeņi (v dsk)	[da:rzeņi]	légumes (m pl)
džems, ievārījums (v)	[dʒems], [iɛva:ri:jums]	confiture (f)
džins (v)	[dʒins]	gin (m)
dakša (s)	[dakʃa]	fourchette (f)
datele (s)	[datɛle]	datte (f)
degvīns (v)	[degvi:ns]	vodka (f)
desa (s)	[dɛsa]	saucisson (m)
deserts (v)	[dɛserts]	dessert (m)
diēta (s)	[diɛ:ta]	régime (m)
dilles (s dsk)	[dilles]	fenouil (m)
dzērvene (s)	[dze:rvɛne]	canneberge (f)
dzeltenums (v)	[dzeltenums]	jaune (m) d'œuf

dzeramais ūdens (v)	[dzɛramais u:dens]	eau (f) potable
dzeramnauda (s)	[dzɛramnauda]	pourboire (m)
dzirkstošs	[dzirkstɔʃs]	pétillante (adj)
etiķis (v)	[ɛtitʲis]	vinaigre (m)
forele (s)	[fɔrɛle]	truite (f)
gāzēts	[ga:ze:ts]	gazeuse (adj)
gaļa (s)	[galʲa]	viande (f)
gabaliņš (v)	[gabaliɲʃ]	miette (f)
gabals (v)	[gabals]	morceau (m)
gaišais alus (v)	[gaiʃais alus]	bière (f) blonde
gailene (s)	[gailɛne]	girolle (f)
garšīgs	[garʃi:gs]	bon (adj)
garša (s)	[garʃa]	goût (m)
garšviela (s)	[garʃviɛla]	épice (f)
garnele (s)	[garnɛle]	crevette (f)
glāze (s)	[gla:ze]	verre (m)
granātābols (v)	[grana:ta:bɔls]	grenade (f)
graudaugi (v dsk)	[graudaugi]	céréales (f pl)
graudi (v dsk)	[graudi]	grains (m pl)
graudu pipars (v)	[graudu pipars]	poivron (m)
greipfrūts (v)	[grɛipfru:ts]	pamplemousse (m)
griķi (v dsk)	[gritʲi]	sarrasin (m)
gurķis (v)	[gurtʲis]	concombre (m)
haizivs (s)	[xaizivs]	requin (m)
hamburgers (v)	[xamburgɛrs]	hamburger (m)
ievārījums (v)	[iɛva:ri:jums]	confiture (f)
ikri (v dsk)	[ikri]	caviar (m)
indīga sēne (s)	[indi:ga sɛ:ne]	champignon (m) vénéneux
ingvers (v)	[iŋgvɛrs]	gingembre (m)
jēra gaļa (s)	[je:ra galʲa]	du mouton
jūras produkti (v dsk)	[ju:ras prɔdukti]	fruits (m pl) de mer
jogurts (v)	[jɔgurts]	yogourt (m)
kāposti (v dsk)	[ka:pɔsti]	chou (m)
kūka (s)	[ku:ka]	gâteau (m)
kūpināts	[ku:pina:ts]	fumé (adj)
kabacis (v)	[kabatsis]	courgette (f)
kafija (s)	[kafija]	café (m)
kafija (s) ar pienu	[kafija ar piɛnu]	café (m) au lait
kalmārs (v)	[kalma:rs]	calamar (m)
kalorija (s)	[kalɔrija]	calorie (f)
kanēlis (v)	[kane:lis]	cannelle (f)
kapučīno (v)	[kaputʃi:nɔ]	cappuccino (m)
karote (s)	[karɔte]	cuillère (f)
karpa (s)	[karpa]	carpe (f)
karsts	[karsts]	chaud (adj)
kartupeļu biezenis (v)	[kartupɛlʲu biɛzenis]	purée (f)
kartupelis (v)	[kartupelis]	pomme (f) de terre
kazene (s)	[kazɛne]	mûre (f)
kivi (v)	[kivi]	kiwi (m)
košļājamā gumija (s)	[kɔʃlʲa:jama: gumija]	gomme (f) à mâcher
kokosrieksts (v)	[kɔkɔsriɛksts]	noix (f) de coco

kokteilis (v)	[kɔktɛilis]	cocktail (m)
kondensētais piens (v)	[kɔndensɛ:tais piɛns]	lait (m) condensé
konditorejas izstrādājumi (v dsk)	[kɔnditɔrejas izstra:da:jumi]	confiserie (f)
konfekte (s)	[kɔnfekte]	bonbon (m)
konjaks (v)	[kɔnjaks]	cognac (m)
konservi (v dsk)	[kɔnservi]	conserves (f pl)
korķviļķis (v)	[kɔrtʲvilʲtʲis]	tire-bouchon (m)
koriandrs (v)	[kɔriandrs]	coriandre (m)
krējums (v)	[kre:jums]	crème (f) aigre
krēms (v)	[kre:ms]	crème (f) au beurre
krabis (v)	[krabis]	crabe (m)
krustnagliņas (s dsk)	[krustnagliɲas]	clou (m) de girofle
kukurūza (s)	[kukuru:za]	maïs (m)
kukurūza (s)	[kukuru:za]	maïs (m)
kukurūzas pārslas (s dsk)	[kukuru:zas pa:rslas]	pétales (m pl) de maïs
kvieši (v dsk)	[kviɛʃi]	blé (m)
lāčpurnis (v)	[la:tʃpurnis]	morille (f)
lēcas (s dsk)	[le:tsas]	lentille (f)
līdaka (s)	[li:daka]	brochet (m)
Labu apetīti!	[labu apeti:ti!]	Bon appétit!
langusts (v)	[laŋgusts]	langoustine (f)
lasis (v)	[lasis]	saumon (m)
lasis (v)	[lasis]	saumon (m) atlantique
lauru lapa (s)	[lauru lapa]	feuille (f) de laurier
lazdu rieksts (v)	[lazdu riɛksts]	noisette (f)
ledus (v)	[lɛdus]	glace (f)
liķieris (v)	[litʲiɛris]	liqueur (f)
liellopu gaļa (s)	[liɛllɔpu galʲa]	du bœuf
limonāde (s)	[limɔna:de]	limonade (f)
mārrutki (v dsk)	[ma:rrutki]	raifort (m)
mēle (s)	[mɛ:le]	langue (f)
mērce (s)	[me:rtse]	sauce (f)
maize (s)	[maize]	pain (m)
majonēze (s)	[majɔnɛ:ze]	sauce (f) mayonnaise
makaroni (v dsk)	[makarɔni]	pâtes (m pl)
malta gaļa (s)	[malta galʲa]	farce (f)
mandarīns (v)	[mandari:ns]	mandarine (f)
mandeles (s dsk)	[mandɛles]	amande (f)
mango (v)	[maŋgɔ]	mangue (f)
margarīns (v)	[margari:ns]	margarine (f)
marinēts	[marine:ts]	mariné (adj)
marmelāde (s)	[marmɛla:de]	marmelade (f)
meža zemene (s)	[meʒa zɛmɛne]	fraise (f) des bois
medījums (v)	[medi:jums]	gibier (m)
medus (v)	[mɛdus]	miel (m)
mellene (s)	[mellɛne]	myrtille (f)
melnā kafija (s)	[melna: kafija]	café (m) noir
melnā tēja (s)	[melna: te:ja]	thé (m) noir
melnie pipari (v dsk)	[melniɛ pipari]	poivre (m) noir
melone (s)	[melɔne]	melon (m)
menca (s)	[mentsa]	morue (f)

mieži (v dsk)	[miɛʒi]	orge (f)
milti (v dsk)	[milti]	farine (f)
minerālūdens (v)	[minɛra:lu:dens]	eau (f) minérale
miza (s)	[miza]	peau (f)
mušmire (s)	[muʃmire]	amanite (f) tue-mouches
nūdeles (s dsk)	[nu:dɛles]	nouilles (f pl)
nazis (v)	[nazis]	couteau (m)
negāzēts	[nɛga:ze:ts]	plate (adj)
oficiante (s)	[ɔfitsiante]	serveuse (f)
oficiants (v)	[ɔfitsiants]	serveur (m)
ogļhidrāti (v dsk)	[ɔglʲxidra:ti]	glucides (m pl)
oga (s)	[ɔga]	baie (f)
ogas (s dsk)	[ɔgas]	baies (f pl)
olīvas (s dsk)	[ɔli:vas]	olives (f pl)
olīveļļa (s)	[ɔli:vellʲa]	huile (f) d'olive
ola (s)	[ɔla]	œuf (m)
olas (s dsk)	[ɔlas]	les œufs
olbaltumvielas (s dsk)	[ɔlbaltumviɛlas]	protéines (f pl)
omlete (s)	[ɔmlɛte]	omelette (f)
pētersīlis (v)	[pɛ:tɛrsi:lis]	persil (m)
pīle (s)	[pi:le]	canard (m)
pīrāgs (v)	[pi:ra:gs]	gâteau (m)
papaija (s)	[papaija]	papaye (f)
paprika (s)	[paprika]	poivre (m) rouge
paprika (s)	[paprika]	paprika (m)
pastēte (s)	[pastɛ:te]	pâté (m)
persiks (v)	[pɛrsiks]	pêche (f)
pica (s)	[pitsa]	pizza (f)
piedeva (s)	[piɛdɛva]	garniture (f)
piedeva (s)	[piɛdɛva]	condiment (m)
piegarša (s)	[piɛgarʃa]	arrière-goût (m)
piena kokteilis (v)	[piɛna kɔktɛilis]	cocktail (m) au lait
piens (v)	[piɛns]	lait (m)
pildījums (v)	[pildi:jums]	garniture (f)
pistācijas (s dsk)	[pista:tsijas]	pistaches (f pl)
plūme (s)	[plu:me]	prune (f)
plaudis (v)	[plaudis]	brème (f)
pokāls (v)	[pɔka:ls]	verre (m) à vin
porcija (s)	[pɔrtsija]	portion (f)
prosa (s)	[prɔsa]	millet (m)
puķkāposti (v dsk)	[putʲka:pɔsti]	chou-fleur (m)
pudiņš (v)	[pudiɲʃ]	pudding (m)
pupas (s dsk)	[pupas]	fèves (f pl)
pupiņas (s dsk)	[pupiɲas]	haricot (m)
pusdienas (s dsk)	[pusdiɛnas]	déjeuner (m)
putraimi (v dsk)	[putraimi]	gruau (m)
rācenis (v)	[ra:tsenis]	navet (m)
rēķins (v)	[re:tʲins]	addition (f)
rīsi (v dsk)	[ri:si]	riz (m)
rūgts	[ru:gts]	amer (adj)
recepte (s)	[retsepte]	recette (f)
redīss (v)	[redi:s]	radis (m)

rozīne (s)	[rozi:ne]	raisin (m) sec
rudzi (v dsk)	[rudzi]	seigle (m)
rums (v)	[rums]	rhum (m)
sāļš	[sa:lʲʃ]	salé (adj)
sāls (v)	[sa:ls]	sel (m)
sēne (s)	[sɛ:ne]	champignon (m)
sīpols (v)	[si:pols]	oignon (m)
safrāns (v)	[safra:ns]	safran (m)
salāti (v dsk)	[sala:ti]	salade (f)
saldējums (v)	[salde:jums]	glace (f)
saldais ķirsis (v)	[saldais tʲirsis]	merise (f)
salds	[salds]	sucré (adj)
salds krējums (v)	[salds kre:jums]	crème (f)
sams (v)	[sams]	silure (m)
sardīne (s)	[sardi:ne]	sardine (f)
sarkanā jāņoga (s)	[sarkana: ja:ɲoga]	groseille (f) rouge
sarkanvīns (v)	[sarkanvi:ns]	vin (m) rouge
sasaldēts	[sasalde:ts]	congelé (adj)
saulespuķu eļļa (s)	[saulesputʲu ellʲa]	huile (f) de tournesol
selerija (s)	[sɛlerija]	céleri (m)
sezams (v)	[sɛzams]	sésame (m)
siļķe (s)	[silʲtʲe]	hareng (m)
siers (v)	[siɛrs]	fromage (m)
sinepes (s dsk)	[sinɛpes]	moutarde (f)
skābais ķirsis (v)	[ska:bais tʲirsis]	cerise (f)
skumbrija (s)	[skumbrija]	maquereau (m)
soja (s)	[sɔja]	soja (m)
spageti (v dsk)	[spageti]	spaghettis (m pl)
sparģelis (v)	[spardʲelis]	asperge (f)
spināti (v dsk)	[spina:ti]	épinard (m)
store (s)	[stɔre]	esturgeon (m)
suņu sēne (s)	[suɲu sɛ:ne]	oronge (f) verte
sula (s)	[sula]	jus (m)
svaigi spiesta sula (s)	[svaigi spiɛsta sula]	jus (m) pressé
sviestmaize (s)	[sviɛstmaize]	sandwich (m)
sviests (v)	[sviɛsts]	beurre (m)
tēja (s)	[te:ja]	thé (m)
tējkarote (s)	[te:jkarɔte]	petite cuillère (f)
tītars (v)	[ti:tars]	dinde (f)
tase (s)	[tase]	tasse (f)
tauki (v dsk)	[tauki]	lipides (m pl)
teļa gaļa (s)	[tɛlʲa galʲa]	du veau
tomāts (v)	[tɔma:ts]	tomate (f)
tomātu sula (s)	[tɔma:tu sula]	jus (m) de tomate
torte (s)	[tɔrte]	tarte (f)
trusis (v)	[trusis]	lapin (m)
tumšais alus (v)	[tumʃais alus]	bière (f) brune
tuncis (v)	[tuntsis]	thon (m)
upene (s)	[upɛne]	cassis (m)
uzkožamais (v)	[uzkoʒamais]	hors-d'œuvre (m)
vārīts	[va:ri:ts]	cuit à l'eau (adj)
vārpa (s)	[va:rpa]	épi (m)

vēžveidīgie (v dsk)	[veːʒvɛidiːgiɛ]	crustacés (m pl)
vīģe (s)	[viːdʲe]	figue (f)
vīnoga (s)	[viːnɔga]	raisin (m)
vīns (v)	[viːns]	vin (m)
vīnu karte (s)	[viːnu karte]	carte (f) des vins
vafeles (s dsk)	[vafɛles]	gaufre (f)
vakariņas (s dsk)	[vakariɲas]	dîner (m)
valrieksts (v)	[valriɛksts]	noix (f)
veģetāriešu	[vɛdʲɛtaːriɛʃu]	végétarien (adj)
veģetārietis (v)	[vɛdʲɛtaːriɛtis]	végétarien (m)
vermuts (v)	[vermuts]	vermouth (m)
virtuve (s)	[virtuve]	cuisine (f)
viskijs (v)	[viskijs]	whisky (m)
vista (s)	[vista]	poulet (m)
vitamīns (v)	[vitamiːns]	vitamine (f)
zaļā tēja (s)	[zalʲaː teːja]	thé (m) vert
zaļumi (v dsk)	[zalʲumi]	verdure (f)
zandarts (v)	[zandarts]	sandre (f)
zemene (s)	[zɛmɛne]	fraise (f)
zemesrieksts (v)	[zɛmesriɛksts]	cacahuète (f)
zirnis (v)	[zirnis]	pois (m)
zivs (s)	[zivs]	poisson (m)
zobu bakstāmais (v)	[zɔbu baksta:mais]	cure-dent (m)
zoss (s)	[zɔs]	oie (f)
zupa (s)	[zupa]	soupe (f)
zutis (v)	[zutis]	anguille (f)